JN116765

グラレコで納得！

ホウデイノ
トリセツ

放課後等デイサービスの運営を担うには…

神戸市福祉局監査指導部特別指導監査専門官

宇上 和伸

イラスト　三名 あたし

目　次

※児発管とは児童発達支援管理責任者の略称です。

第1章
個別支援計画の作成

事業所が行う障害児支援は、それぞれの子どもたちの特性等に沿って個別支援計画を作成しサービスを行うことが義務付けられています。

また、その責任は児童発達支援管理責任者が負うことになります。

第1章では、個別支援計画作成のサイクルについて解説します。

1．最初はアセスメントから

● 個別支援計画作成の第一歩

個別支援計画は子どもの発達を支援するための**基本中の基本**です。

計画を作成する際、最初にアセスメントを行います。アセスメントとは、カウンセリングにおける行動観察・面談などの方法によって情報を集め、子どもの特性を把握し、一人一人に合った方法を見つけて、評価していくことです。

アセスメントの主な評価ポイントは以下のとおりです。
　　★何ができて、何ができないか
　　★保護者と子どもの希望する生活はどのようなものか
　　★どのような課題があるか

これらの事柄について、児童発達支援管理責任者として評価を行います。

● 面談の視点

　１．できることとできないこと
まず、それぞれの子ども本人の特性・特徴を把握することが大事です。
　　★保護者が気になっていること
　　★子ども本人が自覚していること
　　★学校などで教師が気づいたこと
　　★障害者手帳の有無、ある場合にはその等級
　　★医師の診断がある場合にはその内容

など、定型発達の子どもと比べて異なっている特徴をできる限り把握してください。

また、違いを把握するだけでなく、「◎◎◎症だが〇〇〇〇の点については障害の程度が軽微で健常児と差はない」など、深掘りすることも大事です。

　２．環境
家庭や学校など、子どもがどのような環境にあるかを把握してください。
　　★保護者の健康状態などで注意すべき点はないか
　　★きょうだいはいるか
　　★学校は通常学級なのか特別支援学級なのか

など、詳しく押さえておいてください。

3．日常生活全般

日常生活のさまざまな面で注意が必要な点を、できる限り詳しく把握してください。
確認する主なポイントをあげると次のとおりです。

〜　食事、排せつ、着替え、入浴、起床・就寝、etc　〜

これらの項目を、自力でできるのか、補助が必要な場合にはどの程度のサポートが求められるのかなどを押さえ、子どもの特性・特徴を把握してください。

以上の３項目は相互に重なるといったケースもあります。どの項目に含まれるかを考察・判断するより、まずは特徴の把握と記録を優先してください。家庭や学校など、子どもがどのような環境にあるかを把握してください。

個別支援計画の作成　子どもの発達を支援するための基本中の基本

アセスメント
行動観察や面談
情報を集めて
子どもの特性を把握
一人一人に合った方法を見つけて 評価

主な評価ポイント
● 何ができて、何ができないか
● 保護者と子どもの希望する生活
● どのような課題があるか

まずは把握と記録をしっかりと！

面接の視点
① できること、できないこと
保護者が気になっていること
本人の自覚
学校等の教師が気づいたこと
手帳の有無　できる　できない　Dr.の診断した内容

② 環境
保護者の健康状態は？
きょうだいは？
通常学級？特別支援学級？
etc…

③ 日常生活全般
食事、排せつ、着替え、入浴、起床・就寝etc…
サポートの程度を把握

2. 子ども本人と保護者との面接は必須

● 面接のポイント

1. はじめに、面接の趣旨を十分説明して理解してもらいましょう。
2. 本人や保護者が話したがらない内容は無理に聞き出そうとせず、
   次回以降に様子を見て聞きましょう。

アセスメントにあたっては、子ども本人と保護者への面接が義務付けられています。
ここで大事なことは、義務だから面接するのではないということです。会って話してみて初め
てわかることや気づきがあります。

● アセスメントしたうえで支援内容の検討を

子どもの特性・環境・生活について把握し、支援内容を検討します。
以下の内容も併せて検討し、より適切な支援ができるように方針を固めます。

　　★事業所の特徴
　　　　どのような専門人材がいるか／どういう支援が得意な分野か
　　★どのような点で有効な支援ができるか
　　★どういう部分は有効な支援が難しいか

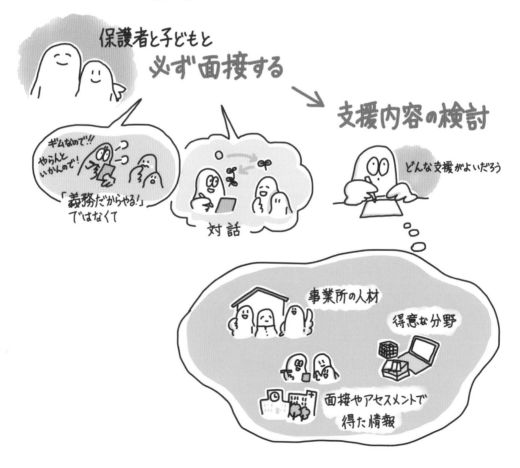

3. 個別支援計画「原案」の作成

● 原案の作成

子どものアセスメントを経て、児童発達支援管理責任者は個別支援計画の原案を作成します。
計画に含まれる内容

★生活に対する意向（保護者・子ども本人）

★総合的な支援方針や到達目標とその達成時期

★生活全般の質を向上させるための課題

★支援の具体的な内容（行事や日課なども含む）

★留意事項など

★家族に対するサポート

事業所の外での保健医療サービスやその他の福祉サービスとの連携も忘れないでください。

● 個別支援計画の書式

書式は、必要な項目が記載されていれば事業所の任意のもので構いません。
参考資料として兵庫県の公式ホームページで公表している書式を紹介しておきます。

【兵庫県公式ホームページ】

https://web.pref.hyogo.lg.jp/kf10/syougaijishitei.html

原案を作成するとともに、作成したことが確認できるように記録として残しましょう。

※個別支援計画は、正式には放課後等デイサービス計画・児童発達支援計画といいます。

4．ケース会議の開催

● 個別支援計画作成の第一歩

ケース会議では、子ども一人一人の困りごとや支援してほしいこと、出来事などの共有をはじめ、担当者の報告を元に、スタッフみんなで支援方針を決めていきます。

子どもへの支援サービスに直接携わる担当者を招集して会議を開催し、児童発達支援管理責任者が作成した原案について、意見を交換することが義務づけられています。

担当者からの意見内容がどのようなものかがわかるよう、会議の記録は必須です。担当者が原案に対し、どういう意見をもって賛成・反対したのかわかるように記録を残してください。

このように**ケース会議が開催された事実と、会議で意見が出たことを忘れずに記録します。**

※運営基準ではケース会議のことを「担当者等を招集して行う会議」として定めています。

5．説明と同意・交付

個別支援計画の内容を保護者と子どもに説明し、文書で同意を得たうえで交付します。

6．モニタリング

モニタリングとは、個別支援計画の実施状況や、子どもの変化などを把握することです。
モニタリングも児童発達支援管理責任者の重要な役割です。モニタリングを通じて必要に応じた計画の見直しを行います。

● 個別支援計画の実施状況をしっかり把握

子どもへの支援は個別支援計画に基づいて実践されます。支援計画が実際の日々の支援の中でどのように実施されているか、その効果はどうかなど的確に把握しておきましょう。

● 見直しのタイミングは、6か月に1回以上

子どもについて、支援計画の実践の中でアセスメントを行います。そのうえで、子どもの状況を幅広く捉え、課題を把握して個別支援計画の見直し（変更）をすべきかどうかを検討してください。この検討は、少なくとも6か月に1回以上行わなければなりません。

モニタリングを行うにあたっては、保護者との連絡を継続的に行うことが不可欠です。そして定期的に保護者・子どもとの面接を行うこと、定期的にモニタリング記録を作成することが求められています。
子どもの状態は日々変化します。頻度がこれで十分か、子ども一人一人に合わせて判断してください。

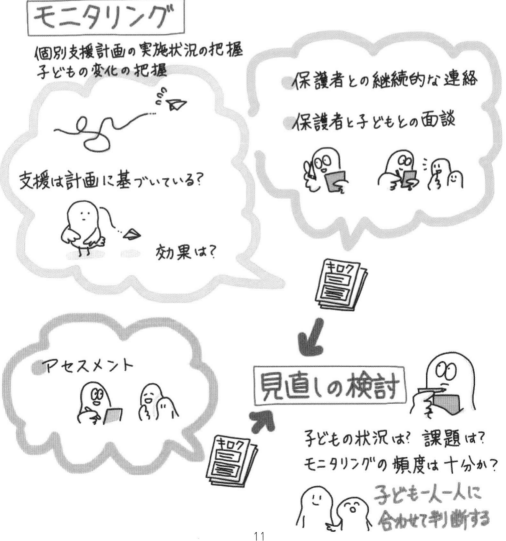

7. 計画の見直し

個別支援計画に記載した支援は、支援目標の実現をめざすものです。

支援目標が達成できた場合には、新たな目標とその達成時期について検討します。

一方、達成できていない場合には計画を変えなくていい、という考え方は適切とは言えません。子ども本人には何らかの変化・成長が生じているはずです。それを踏まえて見直しを検討してください。

目標達成！ したあと…

そのまま？

新たな目標設定を！
軽すぎず　重すぎず　難しすぎず

今はできなくても
がんばったらできそう！

指導・訓練でサポート
やってみよう！いけいけ〜　大丈夫！

達成目標期間にできなくても
何らかの変化が生じているはず
だから
6か月に1回以上見直しの検討を！

12

個別支援計画が作成されないと ……

● 個別支援計画を作成せず支援を実施すると、個別支援計画未作成減算の対象に

個別支援計画が作成されないまま支援が実施された場合は、適切な支援をしたとは認められず、個別支援計画未作成減算の対象となります。子どもが初めて支援サービスを利用するときはもちろんのこと、計画の見直し（6か月に1回以上）を実施した際には必ず個別支援計画を作成してください。

作成の手順をふんだ
個別支援計画

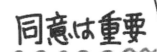

同意は重要

サービス等の利用計画

● サービス等の利用計画

障害のある子どもが放課後等デイサービスや児童発達支援を利用する場合、子どもとその保護者は、以下の流れでサービスを受けるのが本来の形です。
① 相談支援事業所に所属する相談支援専門員の面接を受ける
② 相談支援専門員が作成するサービス等利用計画に、どのような支援をどのくらい利用するのかが記載される
③ それに基づいて事業所での具体的な支援サービスの内容が検討される

実際には、サービス等利用計画を保護者が自ら作成し（いわゆるセルフプラン）、相談支援専門員との相談を経ることがないままで利用する事例が少なくありません。保護者が受給者証の申請や更新手続を行う際に、なるべくセルフプランではなく相談支援専門員による相談を受けられるように配慮してください。

● 制度の見直しに向けた政府の動き

社会保障審議会障害者部会の中間整理（令和3〔2021〕年12月16日）では、相談支援事業所の役割を重視する方向性について述べられています。

そうだんしえん

サービス等利用計画 作成

←相談支援専門員

事業所での
支援内容の検討

放課後等デイサービス

PLAN

どんな支援をどのくらい?

よりよい支援のために

8．子どもの様子に敏感に

● 子どもの小さな変化も見逃さない

一般的に、子どもの心の状態や体の調子は常に変化します。障害のある子どもの場合、その変化の度合いや頻度などが健常児とは異なることが多く、ちょっとした心や体の様子の変化を見逃さないように、敏感に見守りましょう。

子どもの目の前の様子だけでなく、家庭内での過ごし方や学校での様子など、日々の生活の中で本人に影響を与える周囲の環境、また、アセスメントやモニタリングからわかった事柄についても同様に注意深い対応が望まれます。

● 子どもや家族の相談にのる

子ども本人や保護者の相談に対応することも重要な役割です。

子どもや保護者から相談されたときだけでなく、ちょっとした気づきや変化をうまく話題にするなど積極的に声を掛けましょう。家庭との信頼関係の構築は、小さなコミュニケーションから始まるものです。

相談してみたら、たとえば自宅を訪問して行う支援で対応できることがみつかるかもしれません。

9．従業者への指導・助言

● 技術指導には幅広い知識、ノウハウが必要

児童発達支援管理責任者は、まわりのスタッフにとってのコーチの一面も持っています。具体的な支援方法について指導や助言を行うには、さまざまな知識やノウハウが欠かせません。
たとえば、障害の種類は多種多様です。また、それぞれの障害で程度の軽重もあります。

　★障害者手帳の種類
　　身体障害者手帳　　　　　：１級から６級までの等級がある
　　療育手帳　　　　　　　　：Ａ、Ｂ１、Ｂ２の区分がある
　　精神障害者保健福祉手帳：１級から３級までの区分がある
　★発達障害の代表的な障害例：
　　自閉スペクトラム症（自閉症、アスペルガー症候群を含む広汎性発達障害／ ASD）
　　学習障害（ＬＤ）
　　注意欠陥多動性障害（ＡＤＨＤ）
　　など

事業所に通ってくる子どもの障害特性も多種多様です。支援サービスを提供する子どもの障害特性を深く理解するためには、必要な専門知識を身に付けていなければなりません。

障害児に関する「知識」「情報」は世の中に山ほど…
全てを知っている人なんていない…
こつこつ１つずつ着実に知識やノウハウの幅をひろげていきましょう！

児発管自らの質の向上

いろいろな知識

知識を活かすノウハウ

直接支援する従業者への指導や助言

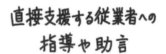

よりよい支援

● 児童発達支援管理責任者本人も 知識やノウハウを充実化させる研修機会を！

児童発達支援管理責任者は、事業所の中で実施する研修の講師役を担うことが多いと思います。そして自らが研修受講者になるのは県や市が主催する公的な研修ばかり、ということになっていないでしょうか。

公的な研修は、その多くがルールの周知徹底や不備事例の情報の共有などであって、事業所ごとにさまざまに異なる支援サービスの質の向上に直接効果を発揮するようなものではありません。自らの資質の向上のための研修にも参加するようにしましょう。

「従業者の資質の向上のために、その研修の機会を確保しなければならない」
(運営基準第 38 条第 3 項)
この「従業者」には児童発達支援管理責任者ももちろん含まれます。

子どもとその保護者から新規の利用の相談を受けた際に、利用の可否を含めて適切な相談に応じるためにも幅広い知識が必要です。さまざまな障害の特性だけでなく、その特性に応じてどのような支援が効果的であるか、といった知識やノウハウも豊富に持っていることが望まれます。

そうした知識とノウハウに基づいて、子どもの支援に直接携わる従業者に技術面での指導を行うほか、支援する際にどうすればいいかアドバイスをすることが求められます。子どもとその保護者の相談にのることと、従業者に対して技術指導することは、いわばコインの表と裏の関係にあるといっても言い過ぎではないのではないでしょうか。

第2章
サービスの提供における基本

第2章では、サービスを提供する際の「基本」の部分を取り上げます。
ポイントとなる「放課後等デイサービスガイドライン」から
見ていきましょう。

①ホウデイノガイドラインを探す
　旅の途中、かけじ〜たちは森の中で……

②落ち葉や枝に埋もれた
　井戸を見つけました。

③かけじ〜たちは井戸をきれいに
　することにしました。すると……

④中に閉じ込められていた
　ガイドの精が飛び出したのです！

⑤こうしてガイドの精が仲間に加わり、
　ホウデイノガイドラインを探す旅が
　新たに始まったのでした。

まずは「ガイドライン」

ガイドライン がうまれた背景

H24.4 児童福祉法 → 身近な地域でサービスを利用できるようになる！

地域の中核的な療育支援施設 **児童発達支援センター** 質の確保 → 助言や援助

身近な療育の場 **児発・放デイ** センターでなく「事業」という 量の拡大 ←

多様な実施主体の参入 NPOや民間の法人など

- 一定の質を保障する必要ある
- 支援の基本事項も必要では？
- 職員の専門性の確保できるように……

→ **H27 ガイドラインうまれる** 事業所の不断の努力による質の向上とあいまってガイドラインの内容もまた向上していく!!

1. ガイドラインを活用しましょう

懇切丁寧で適切な支援を　〜漫然とした画一的な支援にならないように〜

● 個々の子どもそれぞれの状況などに応じた支援を

支援サービスの提供にあたっては、懇切丁寧で適切な支援をすることが求められています。個々の子どもの身体や心の状況はもとより、家庭や学校など子どもが置かれている環境についても配慮することが必要です。

● ガイドラインを活用しましょう

懇切丁寧で適切な支援とは、実際にはどのような支援のことをいうのでしょうか。それぞれの事業所における独自の創意工夫はもちろん大事です。そのうえで、厚生労働省から「放課後等デイサービス」「児童発達支援」のガイドラインが出されていますので、ぜひ参考にしてください。

どちらも厚生労働省のホームページに掲載されています（令和5〔2023〕年7月時点）
https://www.mhlw.go.jp/stf/seisakunitsuite/bunya/0000117218.html

● 放課後等デイサービスガイドラインの大まかな内容

1．ガイドラインの趣旨

2．サービスの基本的役割
　★子どもの最善の利益の保障・人権への配慮
　★地域社会への参加・包容の推進、集団の中での育ちの保障
　★保護者支援（悩み相談、子育てを支援する）　　etc.

3．基本的な姿勢と活動
　★支援に相応しい職業倫理
　★心身の変化が大きい年齢であることを踏まえた対応
　★他者との信頼関係の経験・自己選択や自己決定を促す支援
　★自立支援と日常生活の充実のための多様な活動プログラム
　★保護者が気兼ねなく相談できる場
　★個別の教育支援計画等との連携　　etc.

4．組織運営
　★支援の質の向上・人材育成
　★運営についての説明責任
　★災害や感染症対策等のリスクへの備え
　★法令遵守、虐待の未然防止、個人情報保護　　etc.

5．設置者・管理者向けガイドライン
　★利用定員、職員配置、設備
　★従業者の知識・技術の向上
　★さまざまな連携（学校、保護者、医療機関等）　　etc.

6．児童発達支援管理責任者向けガイドライン
　★個別支援計画に基づく PDCA の実践（Plan Do Check Action）
　★従業者や児童発達支援管理責任者自身の知識・技術の向上
　★さまざまな連携（障害児相談支援事業所、学校、医療機関等、利用者が他の事業所を併用する
　　場合はその事業所、保護者など）　　etc.

7．従業者向けガイドライン
　★個別支援計画の重要性理解と従業者自身の積極的な関与
　★従業者間のコミュニケーション・支援内容の共有
　★支援に際しての工夫・当日の支援提供記録
　★知識・技術の向上・さまざまな連携への関与　　etc.

MOSHIMO HOUDEI NO UNEI WO

HOUDEI GUIDELINE

TORISETSU TORISETSUTORISETSU

Rinri   Shien

TOP oF HOUDEI

CARD GAME NI SHITARA KONNA KANJI?

役職のカード

ホウデイの役職を示すカード。

役職のカードがなければ実行できない「お仕事」がある。

また、ガイドラインの内容も役職によって示されているものが異なる。

それぞれの仕事とガイドラインを合わせて支援を回していく。

事業所運営の管理を行う。
運営を導く者。

支援の責任者。
支援員への助言や指示を行う。
個別支援計画を作成する。

個別支援計画に基づき
直接子どもの支援する者

ガイドラインマップ

緊急時の対応と法令遵守

虐待防止

緊急時対応マニュアル

ホゥ！ レイ！

キジュンとホウシュウ

子どもと保護者に対する説明責任

苦情解決対応

PDCAの実践！

運営規程

組織運営管理

教 保

医ニー

法令遵守

支援の質の向上

災害への備え

説明責任

適切な支援の提供

利用定員

環境 知識・技術の向上

管理者・児発管・従業者それぞれに
ガイドラインが
示されています

大丈夫だよ

支援記録

保護者支援に

基本的な姿勢と活動

連携

自立支援・日常
生活援のための
活動

創作活動

地域
支援

余暇

サービスの基本的役割

りんりのとびら

ど———ん

たのもー

子どもの最善の利益の保障

地域社会への参加

抱容の推進

集団の中での育ち

心身の変化が大きい
年齢であることを踏まえた対応

レッツゴー！ オー！

オー！

● 児童発達支援ガイドラインの大まかな構成

１．総則（支援の原則など）
　　★生涯における乳幼児期の特別な重要性
　　★支援方法（アセスメント…）・環境
　　　（職員、施設や遊具…）
　　★３歳未満の子どもの場合、３歳以上の子ども
　　　の場合

２．提供すべき支援
　　★発達支援
　　　本人支援の５領域
　　　「健康・生活」「運動・感覚」「認知・行動」
　　　「言語・コミュニケーション」「人間関係・社会性」
　　★移行支援（地域社会への参加など）
　　　家族支援（子どもについての情報の提供、助言など）
　　　地域支援（保育所等さまざまな機関との連携など）

2. 提供するべき支援

３．支援計画の作成と評価
　　★相談支援事業所との連携
　　★個別支援計画に基づく支援・モニタリング、
　　　計画見直し
　　★１日のタイムテーブル・活動プログラム

４．関係機関との連携
　　★母子保健、医療機関や専門機関との連携
　　★保育所や幼稚園等との連携
　　★他の児童発達支援事業所等との連携

５．支援の提供体制（定員や設備、安全対策など）

６．質の向上と権利の擁護（研修や虐待防止など）

７．別添：事業所全体の自己評価の流れ（評価表付き）

3. 支援計画の作成と評価

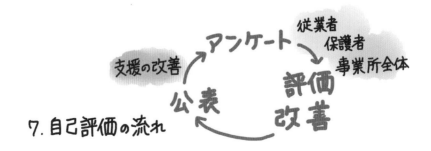

7. 自己評価の流れ

2．放課後等デイサービスガイドラインの見直しの動き

厚生労働省の社会保障審議会（障害者部会）の中間整理（令和3〔2021〕年12月16日）では、放課後等デイサービスガイドラインについて幾つかの課題を提示し、見直しを検討するよう提言しています。

● 提示された主な検討課題の例

子どもの発達の支援について記述をより充実させる
・支援の内容は、「健康・生活」「運動・感覚」「認知・行動」「言語・コミュニケーション」「人間関係・社会性」の『5領域』が対象（児童発達支援ガイドラインに記載されている5領域）
・自己肯定感・達成感・仲間づくり・孤立防止などが重要

「健康・生活」「運動・感覚」「認知・行動」「言語・コミュニケーション」「人間関係・社会性」

支援の目的や内容について、子どもの年代に応じた説明にする
・小学生低学年・小学生高学年・中学生・高校生に分けて記載

家族への支援を一層重視する
・思春期など関わることそのものが難しい点も考慮

● 『5領域』の重要性

上述の社会保障審議会の提言では、支援サービスのあり方として5領域全体をカバーすることが強くもとめられています。
一方で、たとえば見守りだけで**個々の子どもに応じた発達支援がなされていないようなサービスのあり方に対しては問題提起がなされています。**

放課後等デイサービスガイドラインの見直しの動き

- 子どもの発達についての記述をより充実させる。
- 支援の目的や内容について、子どもの年代に応じた説明にする。
- 家族への支援を一層 重視する。

5領域全体をカバーすることを重視することになりそう……

「健康・生活」「運動・感覚」「認知・行動」「言語・コミュニケーション」「人間関係・社会性」

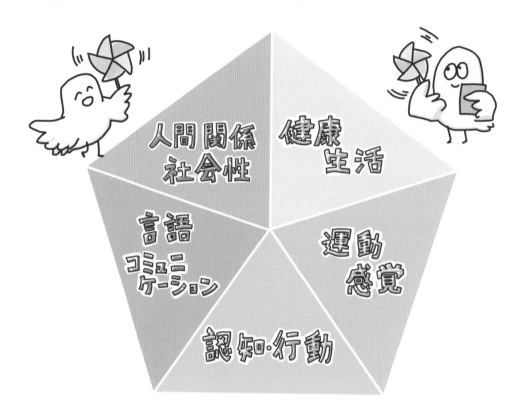

個々の子どもに応じた発達支援がなされていないような
サービスのあり方に対しては 問題提起 がなされている。

懇切丁寧な支援のポイント

自己評価と保護者評価の公表を忘れずに！

3. サービスの質の評価

おおむね１年に１回以上、評価を行って改善を図ることが義務付けられています。

● 自己評価の流れ

自己評価は事業所全体でステップを踏んで実施します。ここでは厚生労働省の「放課後等デイサービスガイドライン（自己評価表）」に沿って大まかな流れを説明します。

ステップ１	〔保護者等による評価〕 保護者等に評価表を配布してアンケートを実施して結果をとりまとめる
ステップ２	〔職員による自己評価〕 課題や工夫についての記述も忘れずに
ステップ３	〔事業所全体による自己評価〕 職員全体で討議して項目ごとの認識のすり合わせ そのうえで改善目標の設定
ステップ４	〔自己評価結果の公表〕 主な改善目標や工夫についてもできるだけ詳しく公表
ステップ５	〔支援の改善〕 改善目標に沿って対応

ここで参照した自己評価表は、厚生労働省の次のホームページに掲載されています。児童発達支援の自己評価も基本的には同じですが、細かいところでは上表のステップ１と２とが入れ替わるなどの違いがあります。

【厚生労働省ホームページ】（令和５〔2023〕年７月時点）
https://www.mhlw.go.jp/stf/shingi2/0000082831.html

● 自己評価は公表と報告とがセット

★公表と報告のルール！
・おおむね１年に１回、自己評価の結果と改善内容の公表を行うこと
・公表したことを市へ報告すること

どちらかが欠けてしまうと**減算の対象**になりますので注意してください。

≪神戸市内の事業所の場合≫
報告の手順は、次のホームページに記載してあります。
【神戸市ホームページ】

　https://www.city.kobe.lg.jp/a20315/business/annaitsuchi/
　shogaifukushi/jikohyoukakouhyou.html

保護者へのアンケートの依頼、回収、討議や結果のとりまとめなど大変な作業なので、実施時期
をどうするかの計画や、段取りについてよく相談しましょう。

保護者の評価
従業者の自己評価

項目ごとに認識のすり合わせ
改善目標の設定

自己評価をまとめる

そしてまた
くりかえす
（おおむね１年に１回）

自己評価結果の公表
神戸市への報告（HPからフォームで）

支援の改善

4．教養娯楽設備やレクリエーションなど

● 子ども療育に配慮した対応を

事業所に娯楽教養の設備を備えることや、子どものためのレクリエーション行事を適宜行うことが求められています。これは画一的な支援にならないようにするために必要なことで、子どもの年齢や発達段階に応じた設備を備えるとともに、スポーツや文化活動などの行事を開催するようにしてください。

★娯楽や教養の注意事項
・「気が付いたらＴＶをみてばかり」「ゲームだけで時間が終わってしまった」ということがないようにしましょう。
★レクリエーション行事等の際の注意事項
・普段以上に一人一人の子どもの状態や行動をきめ細かくチェックしてケアするようにしましょう。
・特に、野外活動やいつもと違う場所を利用するような場合は、子どもが予想外の行動をとることがある点にも注意しましょう。

このほか、たとえば事業所の会報などを作成して家族に送付する、事業所が開催する行事に家族が一緒に参加するよう呼びかけるなど、子どもの家族との連携にも努めるようにしましょう。

ただし、個人情報やプライバシーにはくれぐれも注意を!!

5．病状の急変などの緊急時における対応

● 協力医療機関との連携

支援サービスの提供を行っている最中に子どもの病状が急変したり、思わぬ出来事でケガをしたりするなどの事態が生じたら、すぐに医療機関への連絡を行うなど、子どものことを第一に考えて必要な措置を講じてください。

協力医療機関との連携が、いつでもすぐ取れるようにしておきましょう
こうした緊急時においてどのような対応を行うかは、運営規程に定めていることなので、それに基づいた対応が必要です。

手にとりやすい所に保管したり

いざというとき通報しやすい …などの工夫も

もし運営規程に定めてある内容が実情にそぐわないようになった場合は、運営規程を変更するなどの対応を取るようにしてください。

記録はサービス提供の都度！具体的な支援の内容も忘れずに！

6．サービス提供記録の作成漏れが生じないように

● 記録する内容

支援サービスを提供した際には、あとで子どもの発達を振り返るためにも、次のことを提供の都度、記録することが義務付けられています。

　　★支援サービスの提供日
　　★支援サービスの内容
　　★その他必要な事項（その他該当ある場合）

支援内容の記録は、提供した具体的な内容がわかるようになっていることが求められます。また、その他の必要な事項とは、たとえば利用者が負担する費用などが該当します。このサービス提供記録については、保護者の確認を得ることも必須です。

　「公園にいきました」だけ
　「PC操作をしました」だけ
　　これでは子どものための具体的な支援の内容とはいえません。

7．相談に応じたり助言したり…

● 適切な相談や助言に必要なこと

子ども本人や保護者をはじめとする家族に対して相談に応じることや、必要があれば助言するなどの援助を行うことが求められています。相談や助言などを適切に行うためには、子どもの心身の状況や本人が置かれている環境のことを的確に把握しておかなければなりません。

子どもがどのような状態にあるのか（心と体と）、本人を取り巻くさまざまな環境はどうなっているのか（家庭、学校、ともだち、など）について、きちんと把握できていないと、いい相談相手にはなれません。

積極的に子どもの生活の質の向上を図りましょう。

第3章
人権尊重〜虐待・身体拘束の禁止〜

「うちの事業所で虐待なんてあるかなぁ」
「うちの施設で虐待なんてありえない」と思い込まず、
どうなったら起こり得るかという視点を持つようにしてください。
この章では、虐待や不適切な対応を防止するための組織としての
取り組みを紹介します。

1. 虐待等の禁止

● 事業所で虐待を決して発生させないために

子ども家庭庁は、「児童虐待防止対策」のなかで児童虐待を次のように4種類に分類しています。
これらの行為などは決してやってはいけない、ということを徹底しなければなりません。

身体的虐待
殴る、蹴る、叩く、投げ落とす
激しく揺さぶる やけどを負わせる
溺れさせる など

性的虐待
子どもへの性的行為
性行為を見せる
ポルノグラフィの被写体にする など

ネグレクト
家に閉じ込める、食事を与えない、
ひどく不潔にする、自動車の中に放置する、
重い病気になっても病院に連れて行かない など

心理的虐待
言葉による脅し、無視
きょうだい間での差別的な扱い、
子どもの目の前で家族に対して
暴力をふるう（面前DV）など

※こども家庭庁のHP「児童虐待防止対策」（令和5〔2023〕年7月時点）
https://www.cfa.go.jp/policies/jidougyakutai/

虐待はいついかなる場合も 禁止

「うちの職場で虐待なんてあるかなぁ?」と、思わず

どうしたら虐待になりうるか。
不適切な対応になっていないか。 ｝考える

親しみある冗談
コミュニケーションのつもりで
ちょっと からかっただけ。

しつけで
軽く ぺちん!

これは、
スキンシップ。

鍵をした方が
仕事できるし安全。

なで
なで

虐待の芽はない?
虐待の種はない?

相手の受け取り方は?

その行為の目的は
相手に伝ってる??

立ち止まって考えたり
話し合いの 機会を
持ったりしよう。

水をのんだら
ご飯あげます!

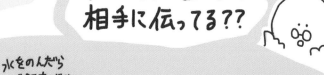

水をのんでくれないから、
食事をとりあげた。

次の活動に
間に合わせようと思って
車いすを無言で動かした。

障害者福祉施設のなかで、放課後等デイサービスの虐待は少なくありません 。

※厚生労働省「令和３年度 障害者虐待対応状況調査
　〈障害者福祉施設従事者等による虐待〉
　https://www.mhlw.go.jp/content/12203000/001077173.pdf

2．虐待防止委員会の設置

● 虐待防止委員会の主な役割

令和４〔2022〕年４月から、虐待防止委員会の設置が義務化されました。

１．虐待防止のための計画や指針の策定など
　　★虐待防止研修計画
　　★働く環境や条件を確認し改善していく計画
　　★虐待防止指針
　　★虐待発生時の報告様式・記録様式

２．虐待防止のチェックとモニタリング
　　★虐待が起きてしまう要因のひとつに従業者のストレスや感情コントロールの問題があります。
　　★職場に虐待が起こりやすい環境などがないかについて確認する、など厚生労働省の手引き※
　　　には、職場環境のチェックリストが掲載されています。ぜひ参考にしてみてください。

労働環境・条件メンタルヘルスチェックリスト〜厚生労働省の手引きＰ.17より抜粋

	改善必要	改善不要
残業時間が多くならないように配慮されているか、または管理されているか		
休日出勤はあるか、あっても多くなっていないか		
休憩する時間と場所が確保されているか		
年休は法定以上付与され義務日数以上取得している、且つ取得しやすい状況であるか		
宿直は法定回数以内かつ宿直環境が整っているか		
勤務後の次の勤務までのインターバルは十分か（遅番の後の早番はないか等）		
上司・同僚などからフォローを受けられるか、または相談できるか		
人員配置や仕事量は適切に行われ、特定の人に負担が偏っていないか		
各々の力量にあった難易度の仕事が割り振られているか		
指示命令系統は明確になっているか		
業務の内容や方針にしっかりとした説明があるか		

※厚生労働省の手引きは、「障害者福祉施設等における障害者虐待の防止と対応の手引き」（令和
　５年７月厚生労働省 社会・援護局 障害保健福祉部
　障害福祉課地域生活・発達障害者支援室）のことです。
　https://www.mhlw.go.jp/content/001121499.pdf

虐待防止委員会の主な役割

① 虐待防止のための計画づくり

- 虐待防止計画、虐待防止研修計画
- 職場環境の改善
- ストレス要因が高い労働環境の改善
- マニュアルやチェックリストの作成・実施
- ツール作成・掲示等の実施計画づくり

② 虐待防止のチェックとモニタリング

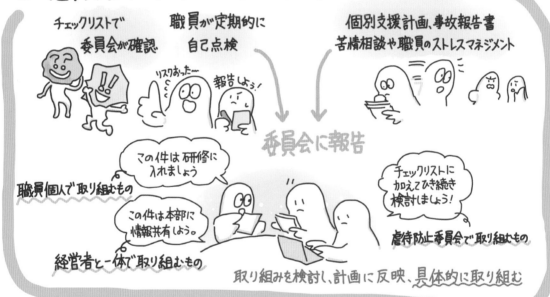

チェックリストで
委員会が確認

職員が定期的に
自己点検

個別支援計画、事故報告書
苦情相談や職員のストレスマネジメント

委員会に報告

この件は研修に入れましょう

職員個人で取り組むもの

この件は本部に情報共有しよう。

チェックリストに加えてひき続き検討しましょう！

虐待防止委員会で取り組むもの

経営者と一体で取り組むもの

取り組みを検討し、計画に反映、具体的に取り組む

③ 虐待（不適切な対応事案）発生後の検証と再発防止策の検証

全ての職員への周知徹底

こうした体制が職員全員に周知されると……

虐待が起きたとき、ためらわずに通報が出来る

虐待が起きたらこのような流れで対応しますよ。

行動指針

ナルホド

掲示や指針で対応や考えを示す → 情報共有とれ、見通しがたつ

3．虐待が発生してしまった場合
　　★虐待の事象や不適切な対応事例についての検証（具体的な内容など）
　　★なぜ発生したのか原因の分析
　　★再発防止策の検討（真に再発防止できる対策）
　　★再発防止策の実行、効果の検証

　また、委員会の結果を従業者に周知徹底することが必要です。

● 虐待防止担当者

　専任の虐待防止担当者の設置が必須です。虐待防止担当者は、虐待防止委員会に出席したり、委員会の結果を事業所の全従業者に周知したりする役割があります。
　　★虐待防止担当者には、「児童発達支援管理責任者等を配置すること」が求められています。

● 虐待防止委員会の構成など

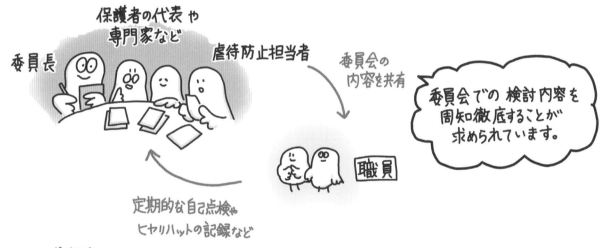

ポイント
　　★委員会構成員には、管理者と虐待防止担当者を必ず含める
　　★構成員の役割分担を明確にする
　　★委員会は定期的に、少なくとも年に１回開催する
　　★個々の事業所ごとに設置しないで法人として設置してもよい
　　★身体拘束適正化検討委員会〔後述〕と一体的に設置、運営してもよい

委員会が機能するために
　　★委員会の構成員について、最低人数は特に求められていません。
　　→でも、構成員が１人だけ、ということはなるべく避けてください。例えば、法人代表者が
　　　管理者と虐待防止担当者とを兼ねる場合は、別の人も加えるなどしましょう。
　　★できれば外部の専門的知見を有する人を加えることが望ましいです。

参考資料と参考例

厚生労働省の手引きにおいて、委員会の考え方について
丁寧に説明・解説されています。

https://www.mhlw.go.jp/content/001121499.pdf

この資料のP.15〜P.18を参考にした委員会設置のイメージを紹介します。

参考1　事業所が複数ある法人の委員会設置の例

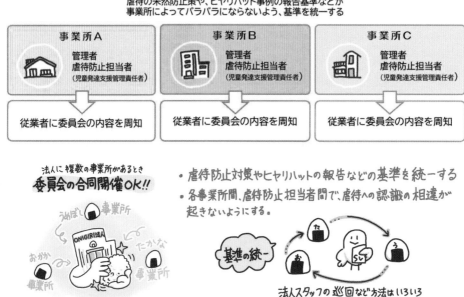

参考2　小規模な事業所での委員会設置の例

事業所が1か所だけの小規模な事業者の場合で、法人代表が管理者などの役職も全て1人で兼務している場合、委員会の構成員がひとりだけにならないよう工夫しましょう。

こんな研修になっていませんか?

研修しなくちゃいけないから…で、とりあえず研修しておしまい。
みんな忙しいし読み合わせをしておしまい。

研修がみんなでしっかり話し合える場になったり、
仕事上の悩みや困っていることなどを
お互いに共有できる場にしたり……

研修には
『ひと工夫』を!!

実践的な内容が共有される研修

意見を出し合う

悩みを共有する

実演してみる

分かる!! チーム力up!!

虐待を防ごう
チームで防ぐ雰囲気

禁止が増える研修

資料配るだけ　ビデオ
読むだけ　視聴しておしまい

〇〇は虐待です!
△△も〇〇も禁止です!

個別の場面で迷う

悩みや困りごとを
共有できない

ストレスが募る。

仕事上のストレスは虐待を
生じさせる遠因になりえます

● 虐待防止のための指針

指針の作成は虐待防止委員会の役割の1つです。
指針は「作成することが望ましい」とされています。虐待防止の重要性を踏まえて作成しましょう。

【虐待防止のための指針（盛り込む内容）】
①虐待防止に関する基本的な考え方
②虐待防止委員会や、事業所の施設内の虐待防止に関係する組織体制
③虐待防止研修に関する基本方針
④施設内で発生した虐待の報告方法などについての基本方針
⑤虐待発生時の対応についての基本方針
⑥利用者・家族等に対するこの指針閲覧に関する基本方針
⑦そのほか虐待防止を推進するうえで必要な基本方針

● 虐待防止研修

虐待防止の研修計画を策定するのも委員会の機能の1つです。
厚生労働省の手引きの、P.19～P.21において、説明・解説されています。
https://www.mhlw.go.jp/content/001121499.pdf

【ポイント】
★虐待防止研修は定期的に年1回以上実施しなければなりません。
★新規採用時には都度、必ず実施してください。

研修を実施する目的など
研修は、虐待防止についての基礎的な内容などの知識を全ての従業者に普及させるとともに、意識を向上させて理解を深めてもらうことが重要です。

研修は職場内研修だけでなく、協議会の研修や、基幹相談支援センターなどが実施する研修に参加するのも〇Ｋ。いつどこでどんな研修があるかの情報収集も大事ですね。

研修の実施内容の記録を忘れずに!!
全員に対して研修を実施したことが確認できるように記録を残してください。

3．身体拘束等の禁止

● 身体拘束等はやむを得ない場合を除いて禁止です

「やむを得ない場合」とは、「障害児または他の障害児の生命また身体を保護するため緊急やむを得ない場合」に限定されます。

やむを得ず身体拘束等を行う場合の3要件（すべてを満たすこと）

　①切迫性　　：生命・身体・権利が危険にさらされる可能性が著しく高い

　②非代替性：他に方法がない（複数職員で確認する）

　③一時性　　：最も短い拘束時間を想定する

やむを得ず身体拘束等を行う場合には記録をしっかりと‼

　★身体拘束等の態様（具体的な拘束のやり方など）

　★時間（何月何日の何時何分から何時何分まで）

　★その際の障害児の心身の状態

　★緊急やむを得ない理由（具体的に。単に「やむを得なかった」だけではダメ）

　★その他記録しておくべきこと（たとえば保護者への連絡など）

正当な理由のない障害者の身体の拘束は虐待に該当します‼〔障害者虐待防止法〕

４．身体拘束適正化検討委員会の設置

● 身体拘束適正化検討委員会について

令和4〔2022〕年4月から、身体拘束適正化検討委員会の設置が義務化されています。

【ポイント】

　★事業所に従事する幅広い職種により構成する

　★虐待防止委員会と一体的に設置、運営してもよい

　（虐待防止委員会において身体拘束の適正化について検討する場合も含む）

委員会の役割などは虐待防止とほとんど同じと言ってもいいくらいです。たとえば、

…専任の身体拘束等の適正化対応策の担当者を決めておくこと。

…委員会構成員の責務・役割分担を明確化すること。

…委員会は事業所単位でなく法人単位での設置も可能。

…定期的に研修を実施すること（年１回以上、記録も同様）。

…などといった点は、身体拘束適正化と虐待防止に共通です。

虐待防止（P.29～P.37）で説明した内容のほとんどの内容が、身体拘束の適正化において求められますので、「虐待防止」を「身体拘束適正化」に置き換えて理解してください。

身体拘束適正化と虐待防止とで異なっている主な点

委員会について

身体拘束適正化検討委員会	虐待防止委員会
事業所に従事する幅広い職種により構成する	管理者と虐待防止担当者が参画していれば最低人数は問わない
第三者や専門家の活用が望ましい　医師（精神科専門医等）や看護職員等が考えられる	専門的知見のある第三者も加えることが望ましい（職種等については特に触れず）

〔専門家の活用の参考例〕身体拘束を行う「やむを得ない理由」の妥当性や、拘束の仕方の適切性について意見を聞く、など

その他

身体拘束等適正化	虐待防止
【身体拘束等の適正化対応策の担当者】右記のような要件は求められていない	【虐待防止のための担当者】児童発達支援管理責任者等を配置すること
【身体拘束等の適正化のための指針】**指針を整備すること（必須）**	【虐待防止のための指針】指針を作成することが望ましい

● 身体拘束適正化検討委員会と虐待防止委員会を一体的に運営する場合等の注意点

委員会の記録

★一体的に設置・運営する場合は、「身体拘束適正化」の審議内容と「虐待防止」の審議内容がそれぞれ分かるように記録して下さい。

★虐待防止委員会において身体拘束適正化の検討を行う場合も同様です。

★審議内容が身体拘束適正化と虐待防止に共通する場合、同じ記録を重複作成する必要はないので、共通の審議内容である旨を記録してください。

研修の記録

★虐待防止研修の研修内容に身体拘束等の適正化が含まれている場合は、それを以て後者の研修を実施しているものとみなすことができます。「含まれている」ことがわかるよう記録を残してください。

第4章
利用者の定員と事業所の勤務体制について

利用定員を守ること、勤務体制を確保することは、
指定を受けた事業所が守るべき法令（運営基準等）の基本事項のひとつです。
安全で適正なサービスを提供するため、また、もしもの時に備えるためにも
なおざりにしないように注意して運営してください。

1. 定員の遵守

利用定員は必ず守ることが義務付けられています。例外が認められるのは、災害、虐待その他のやむを得ない事情がある場合に限られます。

● 利用定員を超えた受入れは原則禁止です

事業所の運営規程で利用定員が定められています。この利用定員は必ず守るようにしてください。**災害や虐待、その他のやむを得ない事情**がある場合には例外的に受け入れることが認められますが、その場合においても次の条件に従うことが必要です。

やむを得ず利用定員を超えて受け入れるときの条件
・地域の社会資源の状況等から新規の子どもを受け入れる必要がある等やむを得ない事情が存在すること（受入れ後も適正なサービスの提供が確保されることが前提）

「社会資源の状況等」とは、例えば、受け入れることができる施設がほかにない場合などを指します。

● やむを得ない事情がある場合、しっかりとした記録を！

やむを得ず受け入れることになった場合は、その理由を後日確認できるよう必ず記録してください。**ただし、記録さえあれば超過してよいということではありません。**

● 人員配置の充足に十分注意を

事業所で配置することが求められる児童指導員または保育士の人数は、利用する子どもの人数に応じて定められています。当日の人員配置が人員基準を充足しないということが生じないよう、しっかり管理してください。

〔放課後等デイサービスの事業所で配置が義務付けられる児童指導員または保育士の人数〕
・子どもが 10 人までなら 2 名以上
・11 人目を受け入れる場合には 3 名以上
・（大きな事業所で）16 人目を受け入れる場合は 4 名以上（5 人ごとに 1 名増）

やむを得ず定員を超過して受け入れると、当日に配置すべき人員基準が増えます !!

● 人員配置についてダブルカウントは認められません

児童指導員等加配加算を請求する場合、1 名の従業者を同一日に、人員基準と児童指導員等加配加算の要員（加配要員）の両方を充足するものとして重複してカウントすることはできません。

例えば、人員基準が 2 名から 3 名になる場合は、3 人目の児童指導員または保育士は人員基準を充足するためにのみカウントされ、**加配のための人員配置としてはカウントされません**ので、そうした点についても注意が必要です。

『勤務体制の基本について』（44 ページ）も読んでください。

定員超過は原則禁止

定員10人 ＋ プラスの受入れ

ダメよ！ 基準

でも災害とか虐待とか
やむを得ない場合
受け入れてあげて!!

受け入れたら

記録大事

定員超過について
内容は
チェックします。

人員配置

10人に対する人員　プラスの人員

人員の重複に注意

通常時
定員超過なし

人員基準2名　プラスの人員＝加配

定員超過あり

人員基準3名 ← プラスの人員が
人員基準に加わる

人員基準と加配は
ダブルカウント
できない。

気をつけて 基準

2．極めて短い時間の利用について

欠席時やサービスの提供時間が30分以下の場合は、原則として報酬を請求することができませんが、利用者の急病などによる欠席や極めて短い時間の利用について、請求できる加算があります。

● 欠席時対応加算（Ⅰ）

利用を予定していた子どもが急病などの理由で当日欠席した場合には、次の全てを満たしている場合に、欠席時対応加算（Ⅰ）を請求することができます。

★利用を予定していた子ども本人やその家族などに連絡して状況を確認し、今後の利用を促すなど
　相談援助を行う
★子ども本人の状況（急病であれば病状など）、相談援助した内容などを記録する
★利用予定日の前々日、前日又は当日に欠席の連絡があった場合
★1か月に4回まで

記録の内容は、症状やどのような「相談援助」を行ったのかが後でわかるよう、必ず丁寧に記述してください。

● 出席したが短時間の利用になった場合〜欠席時対応加算（Ⅱ）

これは放課後等デイサービスだけの加算です。子どもがサービスを利用するため事業所に到着してから急に具合が悪くなり、結果として事業所での利用時間が30分以下になった場合には、通常のサービス提供としての報酬請求をしない代わりに、欠席時対応加算（Ⅱ）を請求することができます。

★支援の記録
　子どもが急に体調が悪くなったのであればその症状や、そうなるまでに提供した支援の内容など
★30分の「数え方」
　従業者によるサービスの提供開始から終了までの間です。子どもが急に体調が悪くなり休憩しているときの見守り時間を含みますが、送迎時間は含まれません。

記録の内容は、症状や、どんな「支援」を行ったのかが後でわかるよう、必ず丁寧に記述してください。

3．勤務体制の基本について

人員基準をしっかり充足するよう体制を組む必要があります。
放課後等デイサービスや児童発達支援の人員基準は必ず守る必要があるので注意が必要です。

● 人員基準を充足するうえで理解しておくべきこと

ここでは、利用定員が 10 人で配置すべき人員基準が 2 名以上とされる事業所について説明します。

放課後等デイサービスや児童発達支援の事業所で配置することが求められる 2 名とは、サービスの提供を行う時間帯を通じて専ら支援の提供に当たる児童指導員または保育士でなければなりません。そして**提供時間帯を通じて従業者が常に確保されること**、そのために必要な配置を行うことが求められています。

サービス提供時間 が 10：00～17：00 の事業所の場合

人員基準を満たしている例　人員基準 2名

児童指導員または保育士
出勤　　9：00～18：00

児童指導員または保育士
出勤　　10：00～17：00

その他 指導員
出勤　　10：00～17：00

人員基準を満たしていない例　人員基準 1名

児童指導員または保育士
出勤　　9：00～18：00

児童指導員または保育士
休暇

その他 指導員
出勤　　10：00～17：00

その他 指導員は
人員基準として 数えられない。

★定員 10 人で利用者も 10 人以内なら 2 名以上の児童指導員または保育士を常に確保する。

サービス 提供時間
通じて常に2名配置

常に！

| 営業時間 | サービス提供時間 | |

※「児童指導員」又は「保育士」以外で人員基準として認められるケース

人員基準の半数が「児童指導員」又は「保育士」を配置しているのであれば、機能訓練担当職員や看護師も人員基準に含めることができます

① 機能訓練が必要な児童がいる場合　⇒機能訓練担当職員（理学療法士、作業療法士、言語聴覚士、心理指導担当職員等）を配置

② 医療的ケアが必要な児童がいる場合 ⇒看護師を配置

【参考例１】

人員基準において２名以上の配置が必要な場合、下表の勤務体制の配置だと、
火曜日は**別途１名の配置**を追加して確保する必要があります。

	月	火	水	木	金	
障害児利用者数	10人	10人	10人	10人	10人	…
人員基準上の必須人員	2名	2名	2名	2名	2名	
常勤児童指導員Ａ	◎	休暇	◎	◎	◎	
非常勤児童指導員Ｂ	○	○	○	○	○	
配置人員	2名	1名	2名	2名	2名	

「◎」はフルタイム出勤
「○」はサービス提供時間出勤

Ｑ：おとなの障害者施設の生活支援員などの場合、常勤職員であれば有給休暇を取得しても常勤換算に含めることができるとされていますが、児童通所施設では認められないのでしょうか（なお、非常勤職員の休暇は常勤換算に含めることはできない）。

Ａ：児童指導員等の人員基準では、「サービスの提供を行う時間帯を通じて専ら支援の提供に当たる児童指導員または保育士」を配置しなければなりません（有給休暇を取得している従業者は、サービス提供時間を通じて配置されていることにはなりません）。

常勤換算については、48ページを読んでください。

【参考例2】

児童指導員等加配加算を請求する場合で次の勤務体制だと、

火曜日は、Cさんは人員基準の配置としてカウントされるため、**加配要員の配置としてカウントすることはできません**（火曜日は、人員基準と加配要員のダブルカウントはできません）。

	月	火	水	木	金	
障害児利用者数	10人	10人	10人	10人	10人	…
人員基準上の必須人員	2名	2名	2名	2名	2名	
常勤児童指導員A	◎	◎	◎	◎	◎	
非常勤児童指導員B	○	休暇	○	○	○	
常勤児童指導員C	●	◎	●	●	●	
配置人員	3名	2名	3名	3名	3名	

「◎、○」は人員基準としての出勤

「●」は加算要員としてのフルタイム出勤

【参考例3】

定員超過日が生じた場合で児童指導員等加配加算を請求するために次の勤務体制を組むと、火曜日は利用者が11人なので、**人員基準の必要人数は3名**になります。

それに伴い火曜日のCさんは、**加配要員としてカウントできなくなります**。

	月	火	水	木	金	
障害児利用者数	10人	11人	10人	10人	10人	…
人員基準上の必須人員	2名	3名	2名	2名	2名	
常勤児童指導員A	◎	◎	◎	◎	◎	
非常勤児童指導員B	○	○	○	○	○	
常勤児童指導員C	●	◎	●	●	●	
配置人員	3名	3名	3名	3名	3名	

「◎、○」は人員基準としての出勤

「●」は加算要員としてのフルタイム出勤

★やむを得ず定員を超過して、配置するべき人員基準が3名の場合は、その3名を常に確保する。

【ポイント】

★放課後等デイサービスの児童指導員等の人員基準は、サービスの提供を行う時間帯を通じて専ら支援の提供に当たる児童指導員または保育士のこと

★従業者が休暇を取得すると、常勤者か非常勤者かを問わず、「サービスの提供を行う時間帯を通じて専ら支援の提供に当たる者」としてカウントすることはできない。**こんな時は、人員基準や加配加算の要件を充足しているか注意すること！！**

　１．人員基準や加配要員の対象者が休暇を取得する予定がある場合

　２．やむを得ない事情があって定員を超える利用者を受け入れる場合

加配要員が基準人員になるとき

定員10人の事業所
従業者全員 児童指導員または保育士の例

平常時
利用者10人 → 基準人員2名

  基準人員

 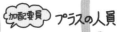 プラスの人員

休暇で……

サービス提供時間を通じて児童指導員または保育士を2名配置できないとき。

利用者10人 → 基準人員2名

 基準人員

 休暇

 加配要員としてカウントできない！

定員超過で……

サービス提供時間を通じて児童指導員または保育士を3名配置できないとき。

利用者11人 → 基準人員3名

 基準人員

 加配要員としてカウントできない！

4. 常勤・常勤換算・専従など

● 常勤とは

事業所での勤務時間数が、**定められている常勤の従業者の勤務時間数に達していること**です。勤務時間が1日8時間労働で週5日、例えば就業規則で週40時間勤務が定められていれば、40時間勤務することです。

● 常勤換算方法とは

事業所の複数の従業者の勤務時間の合計を、常勤従業者の勤務時間で割った数を「常勤の時間」とみなして、換算することをいいます。

例えば、常勤従業者の1週間の勤務時間が40時間の場合、複数の非常勤の従業者の勤務時間の1週間の合計が40時間あれば、「常勤換算1」として扱います。実務的には4週間を通算して計算します（40時間/週×4週間＝160時間）。

> 例：常勤従業者の4週勤務時間が160時間で
> 　　非常勤の2人の勤務時間が
> 　　Dさん88時間、Eさん80時間の場合
> 　　(88 ＋ 80) ÷ 160 ＝ 1.05
> 　　→「常勤換算1」を確保

次の表の例では、Dさん、Eさん合わせて42時間なので、この週に常勤換算方法が適用される場合は「常勤換算1」として扱います（実務では4週間を通算して判定）。

	月	火	水	木	金	
非常勤児童指導員D	8時間	－	6時間	4時間	前半4時間	…
非常勤児童指導員E	－	8時間	－	8時間	前半4時間	

● 専従など……

「専従」、「専ら従事する」、「専ら提供に当たる」という表現が使われることがあります。文字通りの意味ですが、少し補足すると、「原則として、サービス提供時間帯を通じてその事業所における支援の仕事に専念し、それ以外の仕事に従事しないこと」「他の事業所の仕事や、同じ事業所内であっても支援とは異なる別の仕事はしないで、当事業所の支援の業務に専念すること」です。

人員基準　その日、その時間、その場に、常に2名いること

加配要員　1か月(4週)の常勤換算が1であること

tsu·ma·ri
サービス提供時間

加配要員は
行ったり来たりしがち

サービス提供時間

加配要員の職員が人員基準に入る日があっても、
1か月で見て「常勤換算1」であれば、
加算の人員の要件を
満たしている場合がある。

様式や別紙の表は
このことをふまえて作られている

● 児童発達支援管理責任者は『専任かつ常勤』

児童発達支援管理責任者は、専任かつ常勤でなければならないと定められています（児童発達支援管理責任者は、事業所の管理者を兼務することが認められていることなどから、専任という用語が用いられています）。

↓

児童指導員等の直接支援員として人数に含めることはできません。
職務の性質上、児童発達支援管理責任者は個別支援計画を作成して、直接支援員が子どもに提供する支援サービスを客観的に評価する立場にあるためです。

5．勤務体制の確保

● 人員基準を欠くことのない体制の構築を！

従業者の勤務体制は、適切な支援サービスが提供できるように定める必要があります。常勤の従業者、非常勤の従業者それぞれについて、有給休暇の取得などの事情も勘案し、人員基準を常に確保するようにしなければなりません。

原則として月ごとに勤務表を作成し、従業者の日々の勤務時間、常勤・非常勤の別、業務分担などを明確にしてください。真にやむを得ない事情があって、利用者が11人になる場合などは、それに応じた勤務体制が必要です。

★月ごとの勤務表、従業者の日々の勤務時間などを明確に
★従業者の休暇、やむを得ない事情による定員超過なども
　十分考慮しましょう

勤務計画（予定）だけでなく各人の勤務実績記録も重要です！
児童指導員などの従業者として勤務する場合は、理事長や社長などの役員であっても実際に所定の時間に勤務したことが確認できる記録が必要です。

6．勤務計画と従業者の研修

従業者が受ける研修は多岐にわたります。月間の勤務計画を立てる際には、研修の実施予定日も考慮に入れることがおすすめです。

各従業者が資質の向上に資する研修機会を得られるようにしなければならないと定められています。多忙な日々を送るなかで、研修のための時間が十分に確保できない、ということがないようにしてください。

〔主な研修の例〕
虐待防止のための研修・身体拘束等の適正化のための研修
従業者の資質の向上のための研修
業務継続計画に係る必要な研修
感染症および食中毒の予防・まん延防止のための研修

そして**研修記録も忘れずに！（実施した日時、研修の内容、参加者など）**

第5章
利用契約を締結するにあたって

保護者から利用申込がなされた際には、重要事項を記載した文書を交付して、
懇切丁寧な説明を行うことが求められます。
その上でサービスの提供開始について保護者の同意を得る必要があります。

1. 重要事項説明書の取り扱い

● 子どもの障害の特性に応じた配慮を

ある日、障害のあるお子さんと一緒に保護者の方が事業所に見学にこられました。この事業所の放課後等デイサービスの支援に関心があるからで、子どもの障害の特性に合った支援が受けられるなら利用してみようかな、という思いを持って来訪されたことと思います。

事業所の重要事項を記載した文書（「重要事項説明書」といいます）は、あらかじめ事業所に備えてあるものですから、それを来訪者に提示して、個々の事項について説明するのが通常のプロセスでしょう。その際にぜひ心掛けてほしいのは、子ども本人のことをできるだけ配慮してください、という点です。

配慮って、どんなことをしたらいいの？
定型の重要事項説明書のほかに、写真のあるパンフレットを用いてみるとか、挿絵などを交えた別の説明書なども用意してみるとか、保護者と子どもとが支援サービスの具体的な内容をイメージできるような工夫があるといいですね。

● 重要事項説明書について

重要事項説明書について説明する項目
利用申込者が事業所を選択するために必要な重要事項
　　☆運営規程の概要
　　☆従業者の勤務体制
　　☆事故発生時の対応、苦情解決の体制、
　　　提供するサービスの第三者評価の実施状況など

≪神戸市内の事業所の場合≫
　重要事項説明書に記載すべき事項
　神戸市では、独自の基準として次の項目を重要事項説明書に記載することが義務付けられています。
　○サービスの提供を受けるにあたり利用申込者が事業者へ支払うべき費用の内容
　○算定根拠
　○支払い方法

● 運営規程について

運営規程をじっくり読むということはあまりないかもしれません。規程というものの性質上、法律のような条文形式で書かれていることが多く、およそ読みやすいとは言いづらい文章になっています。でも、運営規程はとても大事な決まり事です。

利用申込者に重要事項を説明する際には運営規程の概要を必ず説明しなければなりません。その際に、**内容について十分理解していないまま説明する**、ということがないように気をつけてください。

運営規程の概要について説明する人がよく理解できていないままだとしたら、説明を聞く人（保護者）はもっと理解しにくいということになるでしょう。

● 放課後等デイサービスの運営規程の大まかな構成

運営規程には次の 12 項目について定めておくことが義務付けられています。運営規程の全体構成は、こうなっていると、押さえておくといいと思います。

① 事業の目的と運営の方針

② 従業者の職種、員数、職務の内容

　員数は変わることがあるので、「○人以上」というような記載でも構いません

③ 営業日及び営業時間等

　営業日・営業時間は、利用の受付等が可能な日や時間、サービス提供日・サービス提供時間は子どもに対してサービス提供が可能な日や時間を記載

④ 利用定員

⑤ 支援の内容や保護者から受領する費用の種類とその額

　指導・訓練、行事・日課といったサービスの内容など

⑥ 通常の事業の実施地域

　原則、市区町村単位で記載し、一部地域のみを対象とする場合は「○○市○○町」など客観的に区域が分かるように記載

⑦ サービス利用に当たっての留意事項（設備の利用上の留意事項）

⑧ 緊急時等における対応方法

⑨ 非常災害対策

⑩ 対象とする主な障害の種類を定めるのであれば、その障害の種類

⑪ 虐待防止のための措置

　虐待防止責任者、苦情解決体制、年 1 回以上の全従業者への定期的虐待防止研修、虐待防止委員会等

⑫ その他の重要事項（苦情解決の体制など）

運営規程は適切な運営とサービス提供を確保するため、事業所の重要な内容を示している

しっかり理解したうえで説明を！

事業の目的　営業日時　職員の体制　大事　運営規程　費用　非常災害対策　苦情受付窓口　etc.

2. 受給資格の確認

● 受給者証

障害児通所給付費の支給を受けるには、サービスを利用する子どもの保護者が通所給付の決定を受けていることが必要です。そのことを証明するための書類が「受給者証」です（正しくは「通所受給者証」といいます）。

契約を交わしたら、受給者証の内容をしっかり確認しましょう。

受給者証の主な確認事項
- 給付決定がなされていること（交付年月日など）
- 給付決定を受けた支援の種類
- 有効期間
- 支給量（1カ月間に利用できる日数など）

保護者が受給者証をまだ入手していない場合～申請のサポートを

今まで放課後等デイサービスや児童発達支援といった障害児施設を利用した経験のない子どもとその保護者が、どうすれば利用できるのか相談を兼ねて事業所を訪ねて来ることもあるでしょう。

受給者証を入手する必要があることを知らないなど、受給者証をまだ入手していない場合もあります（未入手のことを「通所給付決定を受けていない者」といいます）。そうした保護者から利用の申込みを受けたら、保護者がスムーズに受給者証を申請して入手できるよう援助することが事業所に求められています（あくまで保護者の意向を踏まえて行うものです）。

受給者証をまだ入手していない保護者には速やかに申請ができるよう、お手伝いを！

有効期限の管理も同様です

受給者証には有効期間が定められているため、その期限が過ぎてしまうと給付費が支給されなくなります。すると子どもが事業所の支援サービスを受けることができなくなってしまうので、支援が途切れることのないよう、あらかじめ余裕をもって保護者が申請手続きを行えるための援助（お手伝い）が必要です。

相談支援事業所による利用計画の活用を

いわゆるセルフプラン（保護者が自ら作成する計画）が多数を占めているのが現状ですが、子どものためにはしっかりとした障害児支援利用計画が策定され、それに基づいて具体的な支援がなされることが望まれます。

受給者証（見本：神戸市の新様式）

（一）

通所受給者証		
受給者証番号		
通所給付決定保護者	居住地	神戸市●●区●●
	フリガナ	
	氏　名	神戸　太郎
	生年月日	昭和●年●月●日
児童	フリガナ	
	氏　名	神戸　花子
	生年月日	平成●年●月●日
交付年月日		令和●年●月●日
支給市町村名及び印	市町村番号	281006
	神戸市 ●●福祉事務所長	

（二）

障害児通所給付費の給付決定内容	
支援の種類	
支給量等	
給付決定期間	令和●年●月●日から令和●年●月●日まで
支援の種類	
支給量等	
給付決定期間	
特記事項欄	
予備欄	

（三）

障害児通所給付費の給付決定内容	
支援の種類	
支給量等	
給付決定期間	
支援の種類	
支給量等	
給付決定期間	
特記事項欄	
予備欄	

次ページ（四）・（五）に続きます

受給者証の写し（コピー）は厳重に保管

受給者証（見本：神戸市の新様式〔続き〕）

<table>
<tr><td colspan="2" align="center">（四）</td></tr>
<tr><td colspan="2" align="center">**障害児相談支援給付費の支給内容**</td></tr>
<tr><td>支 給 期 間</td><td></td></tr>
<tr><td colspan="2">指定相談支援事業所名</td></tr>
<tr><td colspan="2">モニタリングの期間</td></tr>
<tr><td colspan="2">予備欄</td></tr>
<tr><td colspan="2" align="center">**利用者負担額に関する事項**</td></tr>
<tr><td>負担上限月額
（神戸市独自減免後）
※実際にお支払いいただく額</td><td align="center">4,600 円</td></tr>
<tr><td>負担上限月額
（神戸市独自減免前）</td><td align="center">4,600 円</td></tr>
<tr><td>適 用 期 間</td><td>令和●年●月●日から令和●年●月●日まで</td></tr>
</table>

<table>
<tr><td colspan="2" align="center">（五）</td></tr>
<tr><td colspan="2" align="center">**利用者負担に関する事項**</td></tr>
<tr><td align="center">食事提供体制加算対象者</td><td></td></tr>
<tr><td>適 用 期 間</td><td></td></tr>
<tr><td colspan="2">利用者負担上限額管理対象者該当の有無</td></tr>
<tr><td colspan="2">利用者負担上限額管理事業所名</td></tr>
<tr><td colspan="2">特記事項欄</td></tr>
<tr><td colspan="2">予備欄</td></tr>
</table>

受給者証別紙〔事業者記入欄〕（見本：神戸市の新様式）

| 受給者証番号 | | | 児童氏名 | | | | | | 通所受給者証　別紙（※） |

障害児通所支援　事業者記入欄

	事業者及び その事業所の名称				
1	支援の内容				
	契約支給量				
	契約日	令和	年	月	日
	当該契約支給量による 支援提供終了日	令和	年	月	日
	支援提供終了月中の 終了日までの既提供量				
2	事業者及び その事業所の名称				
	支援の内容				
	契約支給量				
	契約日	令和	年	月	日
	当該契約支給量による 支援提供終了日	令和	年	月	日
	支援提供終了月中の 終了日までの既提供量				
3	事業者及び その事業所の名称				
	支援の内容				
	契約支給量				
	契約日	令和	年	月	日
	当該契約支給量による 支援提供終了日	令和	年	月	日
	支援提供終了月中の 終了日までの既提供量				

障害児通所支援　事業者記入欄

	事業者及び その事業所の名称				
4	支援の内容				
	契約支給量				
	契約日	令和	年	月	日
	当該契約支給量による 支援提供終了日	令和	年	月	日
	支援提供終了月中の 終了日までの既提供量				
5	事業者及び その事業所の名称				
	支援の内容				
	契約支給量				
	契約日	令和	年	月	日
	当該契約支給量による 支援提供終了日	令和	年	月	日
	支援提供終了月中の 終了日までの既提供量				
6	事業者及び その事業所の名称				
	支援の内容				
	契約支給量				
	契約日	令和	年	月	日
	当該契約支給量による 支援提供終了日	令和	年	月	日
	支援提供終了月中の 終了日までの既提供量				

（※）この用紙は、受給者証の一部です。
（※）事業者と契約を結んだときは、その事業者から契約内容についての記入を受けてください。

神戸市

3．契約が成立したら必要になる報告など

● サービス提供に当たって

契約が成立して支援サービスを子どもに提供することになったら、受給者証に次の事柄を記入しなければなりません。

- ・事業者（法人名）と事業所の名称
- ・支援の内容
- ・1 か月当たりの提供量
  （契約支給量といいます）や契約日数
- ・その他の必要な記載事項

受給者証に記載されている支給量（市が決定した 1 か月の日数など）を超えることはできません。契約が終了した場合にはその年月日を、また、終了したのが月の途中の場合には、最終月に既に提供してある支給量（提供日数）を記載してください。

● 市への報告を忘れないで

契約が成立したら、受給者証の記載事項などを市町村に報告することが必要です。その書類を契約内容報告書といいます。

≪神戸市内の事業所の場合≫
神戸市では、**契約内容報告書をサービス提供のあった月の翌月 10 日までに障害者支援課へ提出することが必要**ですので、漏れることのないようにしてください。

〔契約内容報告書が掲載されているＨＰ〕
https://www.city.kobe.lg.jp/z/fukushi/shitei_kasan_houkoku.html

見学　　　　説明・同意　　　契約　　　　契約内容は市に報告を！

契約内容（障害福祉サービス受給者証記載事項）報告書（見本）

契約内容（障害福祉サービス受給者証記載事項）報告書

令和　　年　　月　　日

〒650-8570
神戸市中央区加納町6-5-1
（福祉局障害者支援課）

神　戸　市　長　様

FAX　(078)322-0393

事業所番号									
事業者及び その事業所 の名称 代表者									

下記のとおり当事業者との契約内容（障害福祉サービス受給者証記載事項）について報告します。

記

報告対象者

受給者証番号									
支給決定障害者 （保護者）氏名					支給決定に係る 障害児氏名	

契約締結又は契約内容変更による契約支給量等の報告

受給者証の 事業者記入 欄の番号	サービス内容	契約 支給量	契約日 （又は契約支給量を変更した日）	理　由
			令和　　年　　月　　日	□ 1新規契約
				□ 2契約変更
			令和　　年　　月　　日	□ 1新規契約
				□ 2契約変更
			令和　　年　　月　　日	□ 1新規契約
				□ 2契約変更
			令和　　年　　月　　日	□ 1新規契約
				□ 2契約変更

既契約の契約支給量によるサービス提供を終了した報告

提供を終了する 事業者記入欄の番号	提供終了日	提供終了月中の 終了日までの既提供量	既契約の契約支給量での サービス提供を終了する理由
	令和　　年　　月　　日		□ 1契約終了 □ 2契約変更
	令和　　年　　月　　日		□ 1契約終了 □ 2契約変更
	令和　　年　　月　　日		□ 1契約終了 □ 2契約変更
	令和　　年　　月　　日		□ 1契約終了 □ 2契約変更

4．提供拒否の禁止とは

利用の申込みを受けたときは、原則として応じなければなりません。
拒むことができるのは正当な理由がある場合に限られます。

● 特に注意すべきこと

提供拒否の禁止については、障害の程度や、保護者の所得が多いか少ないかを理由に拒否することが特に禁止されています。拒むことができる正当な理由とは次のような場合です。
・定員を超える利用の申込みである場合
・子どもに入院治療の必要がある場合
・子どもの障害の種類が、事業所において主な支援対象とする障害の種類と異なるなどの事情があって、事業所において適切な支援サービスを提供することが困難である場合

「うちの事業所では十分な支援ができません」の旨を保護者に伝えて
保護者の側から断らせるなど、実態としては障害の程度が理由で事実上拒否するのは、正当な理由には該当しません。

たとえば……
「障害の程度が軽度の子どもだけを支援する事業所にしたいから、そうでない子どもはうまく断ろう……」なども、正当な理由に該当しません。

5. 正当な理由があってサービスの提供を断る場合

● 受入れできない場合は、ほかの事業所の紹介を

正当な理由があってお断りするしかない場合には、事業所の対象とする地域などを考慮したうえで、ほかの事業所を紹介するなどの対応を速やかに行うことが必要です。

「うちの事業所は毎日定員枠が埋まっているのでお受けできない……。」
→このような場合は、速やかにほかの事業所を紹介するなどの対応をしてください。

memo

第6章
支援業務を適切に遂行するために

放課後等デイサービスは、万一に備えて状況に合わせて工夫したり、
保護者へ運営について分かりやすく伝えたり、事業所運営を公正に
行うことが必要です。事故対応や掲示、会計など、
知っておくべき基準についてご紹介します。

事故への対応

重要事項の掲示

利益供与の禁止

会計の区分

記録の整備

1．事故への対応

● 事故が発生したとき

安心安全のため迅速対応を
従業者がどんなに気をつけていても、子どもがケガをするなどの事故は起こりうるものです。支援を提供している際に事故が起きてしまったら、必要な措置と連絡を迅速確実に実施します。そのためには、日頃からの備えが欠かせません。

もしもの時のための日頃の備え
事故の発生を想定して、その際の対応方法をあらかじめ決めておくことが望まれます。
万一起きるとしたらどんな事故が考えられるか、事業所の支援の内容や施設・設備の特徴に応じて想定するのが一つのやり方でしょう。想定される事故のパターンに対して、未然防止策を講じておくことも重要です。

事業所に自動体外式除細動器（AED）を設置することが望ましいですが、事業所の近くにある「まちかど救急ステーション」など、いざというときに使ってよいAEDの場所を、把握しておくことも有効です。

早急の事故対応が済んだあとは……
応急措置や連絡などの「まずやること」が一段落したら、事故の原因を究明し、それを踏まえて再発防止策を講じることが必須です。

● 市に事故報告を行う対象範囲

サービスを提供している間に事故が生じた場合は、責任の所在に関係なく、すみやかに市などの自治体に報告します（どの自治体〔都道府県・市町村〕に報告するのか、 また報告する内容、報告方法などは自治体によって異なります）。なお、いうまでもないことですが、保護者への報告も必須です。

「サービスを提供している間」とは？
子どもが事業所にいる間は常に含まれるほか、送迎、通院への同行等も含まれます。このほか、公園などで屋外活動をしている間や、その行き来の間も同様です。

「責任の所在に関係なく」とは？
事故報告書は直ちに責任を追及するものではありません。サービスを提供している間に事故が起きた場合は、原因の如何に関わらず事故報告を行ってください。

- ○ 子ども自身の過ち（うっかりミスなど）によるケガや事故　**→報告を行う**
- ○ 第三者（例：来訪者など）の過ちによるケガや事故　　　**→報告を行う**

≪神戸市内の事業所の場合≫
どの程度で報告するの？～　次のような場合には必ず報告してください。
- ○ **ケガなどで医療機関を受診した場合**
  後日受診することになった場合も含みます
- ○ **従業者の法令違反や不祥事で子どもへの支援等に影響があるもの**
- ○ **その他の事故で報告が必要と認められるもの（警察に通報したものなど）**

市への事故報告はオンラインをご活用ください（PC、タブレット、スマホいずれも可）
https://www.city.kobe.lg.jp/a20315/business/annaitsuchi/shogaifukushi/jiko_houkoku.html

感染症（インフルエンザ含む）・食中毒疑いが発生した場合は、事故報告ではなく神戸モデル（アプリ）での連絡が必要です。
https://www.city.kobe.lg.jp/a73576/kenko/health/infection/protection/kobe_model.html

事故報告書の作成・神戸市への報告

市への提出は事故報告フォームから

法人または事業所独自の書式を添付して
「別添の通り」と、提出することも可能

市の様式　　　　独自の書式

「資料等がある場合
ファイルを添付」の項目に
貼り付ける

参照…

事故の原因究明・再発防止策

日頃の備え

緊急時対応マニュアル

緊急時対応マニュアル

想定・対策・訓練!

練習用エピペンで
使い方を知る

いざという時の
判断に
まよわない!

冷感シートは
アイシングと
ちがうらしい。

最新情報への更新も

ヒヤリハットの活用

あぶな～い

すべる～

↓ 共有

ヒヤリハットまとめ

朝礼シート@
出勤したらカクニン!!

活用

書いただけ。にならない工夫を!

AEDの設置場所

屋外活動でよく行く
場所の付近もチェック!

アプリもあるよ～

AED ここにあるよ～

神戸市なら
まちかど救急ステーション
消防本部と連携している。

まちかど救急ステーション
AED

AED

神戸市ではこのような形での対応を求めています。自治体によって異なるので注意してください。

サービスを提供している間とは

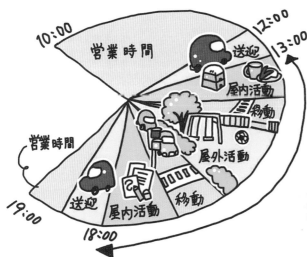

サービス提供時間
＋
送迎の間
屋外活動の間（移動も含む）

責任の所在に関係なく

うちのせいじゃ
ないんです

こんなことが
ありました

報告は責任を
求めるためではないので

事故があったことについて
情報共有をお願いします！

報告の範囲

医療機関を
受診した

緊急通報をした

従業者の
法令違反や
不詳事

その他、
報告が必要と
思われるもの

万一、子どもが亡くなったときの報告

下記のような場合は、至急市に連絡をしてください。

- ○ サービスを提供している間に子どもが死亡した場合
- ○ 病気等による死亡で、死因等についてサービスの提供との関連性などに疑義が生じる可能性のある場合
- ○ サービスを提供している間に発生した事故からある程度の期間を経て死亡した場合

2. 重要事項の掲示

● 利用申込者の判断材料を見やすく提供

利用申込者の重要な判断材料とは

利用申込者が「この事業所のサービスに申し込もう」と判断する基準はさまざまですが、事業所には、必ず、常に、以下の「重要事項の掲示」をするように決められています。

- ○ 運営規程の概要
- ○ 従業者の勤務体制
- ○ 協力医療機関
- ○ 事故発生時の対応
- ○ 苦情処理の体制
- ○ サービスの第三者評価の実施状況　　‥‥‥ など

※従業者の勤務体制の掲示について

従業者の氏名を掲示する必要はありません。

掲示すべき勤務体制とは、職種（児童指導員・保育士・指導員）や、常勤・非常勤についてそれぞれどれだけの人数をどう配置しているか、ということです。

掲示方法など

重要事項の掲示については、きめ細かなルールがあります。

① 壁に掲示する場合

　利用者本人や家族などにとって見やすく、自由に観覧できる場所に掲示する

② ファイルなどに綴じる場合

　すぐ目に留まるわかりやすい場所に、いつでも自由に閲覧できるよう置いておく

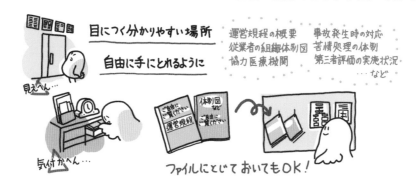

3. 利益供与等の禁止

● 相談支援事業者等との関係を適切に

相談支援事業者等とは

放課後等デイサービスや児童発達支援のサービスを利用する際に、相談支援事業所の相談支援専門員による面接を受け、相談支援専門員が作成するサービス等利用計画（障害児支援利用計画）に基づいて利用する場合、次のことに注意して下さい。

相談支援事業所を運営している相談支援事業者と、放課後等デイサービス事業所や児童発達支援事業所等との間で、利用者を紹介することの見返りに利益を供与すること、また、受け取ることは禁じられています。

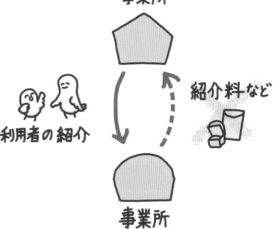

紹介料などの位置づけ

上の図で「紹介料など」と記載していますが、名目の如何にかかわらず、紹介することの見返りとして金品その他財産上の利益をやり取りすることは禁止です。

また、法人としてではなく「個人的なお礼」などと位置づけ、従業者の間でそうしたやりとりをすることも許容されません。

**※セルフプランによる利用者に相談支援事業所を
　紹介するとき**

相談支援事業所の計画相談支援を利用せず、保護者がサービス等利用計画を作成するケースは少なくありません（いわゆるセルフプラン）。

障害福祉制度の見直しに取り組む厚生労働省の社会保障審議会（障害者部会）の中間整理（令和3〔2021〕年12月16日）では、相談支援事業所の役割を重視する方向性について述べられています。

セルフプランの利用者には、相談支援専門員のサービスを利用することが望まれます。そこでみなさんが相談支援事業所を紹介することもあるでしょう。その際には、利益を供与するだけでなく、受け取ることも禁止であることも意識してください。

4. 会計の区分

● 経理区分・会計区分

経理区分とは

「事業所の経理を区分する」とは、複数の事業所を運営する場合には**お金のやり取りの記録を事業所ごとに別々に記録する**、ということです。

国民健康保険連合会から金融機関口座に振り込まれる事業所の報酬額や、主な費用などは、事業所ごとに区分して記録してください。

（口座は１つでも構いません）

経理を帳面（ノート）に記録するのであれば、事業所ごとに帳面を分けておきましょう。PCソフト等で管理する場合は、1件ごとの記録に事業所を特定する欄を設けてデータを事業所別に抽出できるようにする等の方法により、区分された経理情報が提示できるようにしてください。

A事業所の分とB事業所の物品等を一緒にまとめて購入した場合などは、何らかの合理的な基準（たとえば利用者数など）で案分するのが望ましいです。

なお、法人税額などのように案分したり、区分したりすること自体が困難な項目については、AでもBでもない共通の収入・費用として記録することで問題ありません（たとえば「本部」という第三の区分を設けて、「本部」の収入・支出として記録する）。

会計区分とは

「事業ごとに会計を区分する」とは、主な収入・支出の項目について、事業ごとに集計して概要をわかりやすくまとめることです。もとより経理の区分ができていることが前提になります（経理の区分ができていないと、区分して集計することもできません）。

事業者（法人）として手掛けている事業が放課後等デイサービスだけであれば、会計を区分する他の事業がないので対応する必要はありません。

一方、他の障害支援サービスを運営している場合や、障害福祉サービス以外の事業を運営している場合は、放課後等デイサービスとそれ以外の事業の会計を区分することが必要です。

5．記録の整備

● 従業者・設備・備品・会計に関する諸記録の整備

従業者に関する記録・設備に関する記録・備品に関する記録・会計に関する記録は、各々関係する法令等に作成すべき記録の内容や保存期間などが定められています。関係する法令等を遵守することが不可欠です。

● 支援サービスに係る記録で５年間保存すべきもの

次に掲げる放課後等デイサービス・児童発達支援のサービスの提供に関する記録は、５年以上の保存が義務付けられています。

① サービスの提供記録（支援を提供した際の都度の記録）
　提供日・提供したサービスの具体的内容・利用者負担額等
② 個別支援計画（放課後等デイサービス計画／児童発達支援計画）
③ 身体拘束等の記録
④ 苦情の内容等の記録
⑤ 事故についての記録
⑥ 保護者による不正を市に通報した記録
　（保護者が障害を偽って、不正にサービスを利用した場合などは、市に報告する必要があり、その記録が５年保存の対象です）

第7章
利用者とのお金のやりとり

サービスを提供する際に発生する保護者（利用者）とのお金の
やりとりがこの章の主なテーマです。保護者に請求できる費用や
法令に定められた基本事項について確認していきましょう。

1. 利用者に請求できる費用について

放課後等デイサービスや児童発達支援などを利用すると費用が発生します。この費用のことをここでは「障害児サービス費」と呼ぶことにして説明します（正式には「障害児通所給付費」といいます）。サービスを利用した子どもの保護者が事業所に支払う費用には、この「障害児サービス費」と「その他の日常生活費」があります。まず「その他の日常生活費」を取り上げます。

● 「その他の日常生活費」とは

事業所での支援の一環で費用が発生したもののうち、保護者に対して実費として請求できる費用のことです。国からの通知では、「保護者等の自由な選択に基づき、事業者又は施設が障害児通所支援等の提供の一環として提供する日常生活上の便宜に係る経費」とされています。

実費を請求する際の注意事項
お金のトラブルが起きないように、請求業務は丁寧に確実に行ってください。運営基準でも、お金のやりとりについて定められていることは多くあります。この機会に、今の請求業務に漏れや抜けがないかチェックしてみてください。

- ☐ 実費について予め保護者に十分説明して同意を得ていること
- ☐ 子どもおよび保護者の希望によるものであること
- ☐ お世話料や管理協力費などあやふやな名目の費用を求めていないこと
- ☐ 費用の内訳がある場合、それが明示されること
- ☐ 金額は実費相当の範囲内であること
- ☐ 運営規程に「その他の日常生活費」について具体的に記載すること
  - └行事の際の交通費や入園料などの場合は「実費」と記載してください
  - └契約時や運営規程の変更時には、内容について丁寧に説明してください
- ☐ 領収証を発行すること（領収証の控をとっておくことも忘れずに）

その他の日常生活費

日常生活においても通常必要となるものに係る費用であって、利用児の保護者に負担させることが適当と認められるもの。

利用者の希望を確認したうえで
提供する場合の費用

↳ **請求できる**

身の回り品として
日常生活に必要なものなど

おやつなど

一般的に日常生活に
最低限必要と考えられる
物品など

教養娯楽として
日常生活に必要なもの

行事などの
交通費や入場料

すべての利用者に一律に提供する場合の費用

➡ **請求できない**

事業者または施設がすべての利用者に対して
一律に提供し、すべての利用者からその費用を
画一的に徴収することは認められない。

すべての利用者から
画一的に徴収する

共用施設の
利用料など

「その他の日常生活費」については、厚生労働省の通知（示達）趣旨や基準・留意事項などにおいて説明されていますので、主な要点を掲載しておきます。

『障害児通所支援又は障害児入所支援における日常生活に要する費用の取扱いについて』

（平成 24 年 3 月 30 日 障発 0330 第 31 号）

https://www.mhlw.go.jp/seisakunitsuite/bunya/hukushi_kaigo/
shougaishahukushi/kaisei/dl/tuuchi_16.pdf

その他の日常生活費とは、「日常生活においても通常必要となるものに係る費用であって、通所給付決定保護者に負担させることが適当と認められるもの。」とされています。

（1）「その他の日常生活費」の趣旨
　・保護者等の自由な選択に基づき、サービス提供の一環であるもの
　・利用者のぜいたく品や嗜好品の購入などサービス提供と関係ないものは含まない

（2）「その他の日常生活費」の受領に係る基準
　1．障害児サービス費の対象となるサービスとの間に重複関係がないこと（例：連絡帳など）
　2．障害児サービス費の対象となるサービスと明確に区分されない曖昧な名目による費用の受領は認められない。「お世話料」、「管理協力費」、「共益費」、「施設利用補償金」といったあやふやな名目の費用は認められず、費用の内訳が明らかにされる必要がある
　3．利用者に事前に十分な説明を行い、その同意を得なければならない
　4．実費相当額の範囲内で行われるべきものであること
　5．対象となる便宜及びその額は、運営規程に定め、重要事項として事業所内に掲示しなければならない。額については、その都度変動する場合には「実費」としてよい

（3）「その他の日常生活費」の具体的な範囲
　・保護者等の希望によること
　・教養娯楽等や身の回り品として日常生活に必要なものに係る費用　など

（4）留意事項
　・「身の回り品として日常生活に必要なもの」とは、一般的に利用者の日常生活に最低限必要と考えられる物品（例：歯ブラシ等の個人用の日用品等）
　・教養娯楽等として日常生活に必要なものとは、例えば、事業者が障害福祉サービス等の提供の一環として実施するクラブ活動や行事の材料費等
　・すべての利用者に対して一律に提供し、すべての利用者からその費用を画一的に徴収することは認められない

≪神戸市内の事業所の場合≫
判断に迷う！というときは、神戸市のＨＰにある問合せフォームで質問することもできます（これまでに寄せられた質問と回答も掲載しています）。
https://www.city.kobe.lg.jp/z/fukushi/shitumon_form.html

2．利用者が負担する障害児サービス費

● 障害児サービス費と利用者負担額

障害児サービス費のうち、保護者が事業所に支払う
実際の金額は、自己負担額にあたる額のみで、具体
的には障害児リービス費の1割とされています。

さらに、世帯※の所得区分に応じて利用者負担上限
月額が設定されます。自己負担の合計額が上限月額
を超えた場合、超過分が減免になります。
※「世帯」の範囲は住民票に基づいて判定されます。

利用者世帯の負担を減らすため、障害児サービス費には減免制度がありますが、前項でお話しした
「その他の日常生活費」は減免の対象外なので注意してください。契約する際、重要事項説明書に沿っ
て保護者に説明しておきましょう（第5章「利用契約を締結するにあたって」参照）。

〔放課後等デイサービスの利用者負担の上限額（国の基準）：令和5〔2023〕年度時点〕

市民税の課税 または非課税	所得区分	上限月額
非課税	①生活保護を受給する世帯	0円
	②低所得の世帯	0円
課税あり	③市民税の所得割合計が28万円未満の世帯	4,600円
	④課税ありで③に該当しない世帯	37,200円

※このほか、市独自の措置を設けていることがあります（神戸市を含みます）。

3．利用者負担額合計額の管理（上限額管理）

● 上限額の管理を行うときの注意点

受給者証を取得して支援サービスを利用する子どもが世帯で1人だけで、利用している事業所も1つだけの場合は、受給者証に記載された上限月額を請求します。一方、1人の子どもが複数の事業所を利用しているときや、支援サービスを利用する子どもが複数いて別々の事業所を利用しているケースもあります。このように世帯で利用している事業所が複数ある場合には、いずれかの事業所において、世帯の障害児サービス費の合計額を把握して負担の上限額を管理する必要が生じます。

● 上限額管理の依頼を受けたら

保護者から他の事業所を含めた合計額を把握して上限額を管理するよう依頼されたら、受給者証の「利用者負担に関する項目」のページで次のことを確認してください。

　□「利用者負担上限額管理対象者該当の有無」欄に「該当」等の記載があること
　□「利用者負担上限額管理事業所名」の欄に事業所名が正しく記載されていること

子どもが併用している他の事業所とは、今後連絡を取り合っていくことになるので、その事業所の名称や連絡先、所在地などを予め保護者に確認しておくとスムーズです。なお、保護者が市（区）役所に提出する「利用者負担上限額管理事務依頼（変更）届出書」に事業所の承諾印を押印した際は、写しを取って事業所で保管しておいてください。

〔複数利用の代表的な例〕
① 1人の子どもが、複数の事業所を利用している
② 世帯に子どもが複数いて、それぞれ別の事業所を利用している

　受給者証の「利用者負担に関する項目」のページの特記事項欄に「複数障害児あり」と記載されます。ただし、それぞれの子どもの支給決定のタイミングがずれるなどして、手元にある受給者証には状況が反映されていない場合もないとは限りません。**保護者に直接確認する**などして、見落とすことがないように注意してください。

〔例〕第一子：放課後等デイサービスの事業所A、事業所Bを利用
　　　第二子：放課後等デイサービスの事業所C、事業所Dを利用

● 国保連への請求

上限月額を管理する場合の国保連への請求の流れを紹介します。毎月10日の期限に確実に間に合うよう、事業所間の段取りをしっかり組んでおきましょう。

事例：1人の子どもが、複数のサービスを利用している事例
利用児童：神戸一郎さん
利用サービス：放課後等デイサービスの事業所Aと事業所B
上限額管理事業所：事業所A

複数利用の上限額管理

1人の子どもが複数の事業所を利用している例

世帯で
37,000円

保護者
4,600円

給付費
32,400円

複数の子どもがいてそれぞれ別の
事業所を利用している例

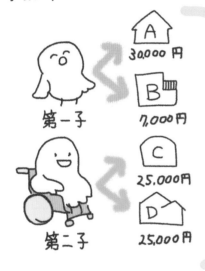

世帯で
87,000円

保護者
4,600円

給付費
82,400円

保護者…自己負担額
給付費…国・県・市の負担金

【月ごとの主なやりとり】

	事業所A（上限額管理事業所）	事業所B
1		Aに「利用者負担額一覧表」を提出
2	「利用者負担上限額管理結果票」を作成	
3	「利用者負担上限額管理結果票」をBに送付	
4	請求明細書にサービス提供実績記録票、利用者負担上限額管理結果票を添付する	「利用者負担上限額管理票」に基づいて請求明細書を作成し、サービス提供実績記録票を添付する
5	国保連に請求を行う	国保連に請求を行う

〔利用者負担額一覧表の書式〕

利用者負担額一覧表

年　　月　　日

（ 提 供 先 ）

事業者	指定事業所番号	
	住　所 (所在地)	
	電話番号	
	名　称	

様

下記のとおり提供します。

			年			月分

項番	給付決定保護者等欄				
	市町村番号		負担上限月額(国)		提供サービス
	受給者証番号		負担上限月額(市福祉部分)		
	給付決定保護者等氏名		総費用額		
	支給決定児童氏名		利用者負担額		
	市町村番号		負担上限月額(国)		提供サービス
	受給者証番号		負担上限月額(市福祉部分)		
	給付決定保護者等氏名		総費用額		
	支給決定児童氏名		利用者負担額		
	市町村番号		負担上限月額(国)		提供サービス
	受給者証番号		負担上限月額(市福祉部分)		
	給付決定保護者等氏名		総費用額		
	支給決定児童氏名		利用者負担額		
	市町村番号		負担上限月額(国)		提供サービス
	受給者証番号		負担上限月額(市福祉部分)		
	給付決定保護者等氏名		総費用額		
	支給決定児童氏名		利用者負担額		
	市町村番号		負担上限月額(国)		提供サービス
	受給者証番号		負担上限月額(市福祉部分)		
	給付決定保護者等氏名		総費用額		
	支給決定児童氏名		利用者負担額		

利用者負担上限額管理結果票

| | 令和 | | 4 | 年 | | 1 | 月分 |

| 市町村番号 | 2 | 8 | 1 | 0 | 0 | 6 | | | | 指定事業所番号 | 2 | 8 | 5 | 5 | 5 | 5 | 5 | 5 | 5 | 5 |

| 受給者証番号 | 0 | 0 | 0 | 0 | 0 | 0 | 0 | 0 | 0 | 1 |

管理事業者

| 給付決定保護者等氏名 | 神戸 太郎 |

事業所及びその事業者の名称　A

| 支給決定に係る児童氏名 | 神戸 一郎 |

> 国基準の利用者負担上限月額については、受給者証の利用者負担に関する事項の「負担上限月額（国）」を記入してください

| 利用者負担上限月額 | 3 | 7 | 2 | 0 | 0 | | 利用者負担上限月額（神戸市/給付費部分） | 1 | 6 | 6 | 2 | 0 |

| 利用者負担上限額管理結果 | 3 |

> 下記(1)における国基準の利用者負担額の管理結果を設定します。（神戸市独自減免の管理結果ではありません。）

> 神戸市独自減免後の利用者負担上限月額について、障害児通所給付費の場合は、受給者証の利用者負担に関する事項の「通所給付費部分（福祉部分）」を記入してください

1　管理事業所で利用者負担額を充当したため、他事業所の利用者負担は発生しない。
2　利用者負担額の合算額が、負担上限月額以下のため、調整事務は行わない。
3　利用者負担額の合算額が、負担上限月額を超過するため、下記のとおり調整した。

利用者負担額集計・調整欄（神戸市独自減免前）

項番	1	2	3	4	合計
事業所番号	2855555555	2851999999			
事業所名称	A	B			
総費用額	3 0 0 0 0 0	1 0 0 0 0 0			4 0 0 0 0 0
障害児通所給付費 障害児入所給付費	2 7 0 0 0 0	9 0 0 0 0			3 6 0 0 0 0
利用者負担額	3 0 0 0 0	1 0 0 0 0			4 0 0 0 0
(1) 管理結果 利用者負担額	3 0 0 0 0	7 2 0 0			3 7 2 0 0
障害児通所給付費 障害児入所給付費	2 7 0 0 0 0	9 2 8 0 0			3 6 2 8 0 0

> (1)利用者負担額は、優先順位の高いサービス事業所から順に負担上限月額に達するまで利用者負担額を徴収する方法により調整してください。

(参考)

神戸市独自減免

| 神戸市独自減免 | 1 3 3 8 0 | 7 2 0 0 | | | 2 0 5 8 0 |
| 管理結果 利用者負担額（神戸市/給付費部分） | 1 6 6 2 0 | 0 | | | 1 6 6 2 0 |

上記内容について確認しました。

平成　　年　　月　　日

給付決定保護者等氏名

4．法定代理受領について

● 法定代理受領とは

法定代理受領とは、障害児サービス費の請求を利用者に代わってサービス事業者が行うことです。身近な例に、病院での医療費の支払いがあります。保険証を忘れてしまったら、診察代はひとまず10割負担で支払わなければなりません。保険証があれば、何割かの自己負担額だけの支払いで済みます。医療費の3割が自己負担の場合、残る7割の医療費はどうなっているかというと、病院が医療費を支払う人に代わって、国民健康保険連合会（略称：国保連）に請求しているのです。これと同じ仕組みが放課後等デイサービスで用いられています。

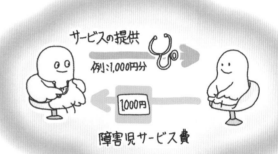

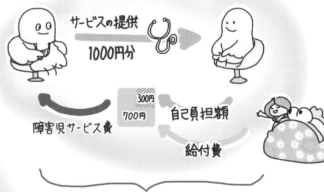

自己負担額と給付費

障害児サービス費は「自己負担額」と「給付費」に分かれています。本来、保護者が障害児サービス費の全額を事業所に支払い、「給付費」の額は後から国保連に請求して受け取ります。ですが、保護者が事業所に実際に支払うのは、「自己負担額」だけです。そして「給付費」は、サービス事業所が国保連へ保護者に代わって請求し、保護者を介さず支払いを受けます。この仕組みのことを法定代理受領といいます（事業所が保護者の代わりになって、直接に国保連から給付費を受領している）。

● 保護者への通知を忘れずに

「法定代理受領」によって、事業所が保護者に代わって給付費を請求し、国保連から直接給付費を受け取っている、という話をしました。繰り返しになりますが、給付費はあくまで利用者に対して支払われているお金なのです。「保護者は自己負担額を払えばいいので、障害児サービス費がいくらなのか知らなくてもいい。」とか、「法定代理受領で得た給付費がいくらなのか、保護者に知らせなくてもいい。」ということはありません。

本来なら利用者が受領するはずの給付費を、利用者に代わって受領しているのですから、給付費（障害児サービス費）がいくらなのか通知することは必須です。上記のように、利用者保護者に国保連から受領した給付費の通知を行うことを「障害児通所給付費の額の通知（法定代理受領通知書）」といい、運営基準に定められています（運営基準第 25 条）。

保護者に発行する請求書と法定代理受領通知書とを混同しないよう注意して下さい。国保連の報酬処理が完了し、障害児サービス費が確定すれば、利用者負担額・給付費の額を把握することができます。

それをもとに保護者に発行する請求書を作成されることでしょう。ですが、給付費の入金は、報酬処理が完了してからさらに 2 か月ほど先になります。給付費の入金を確認していない段階で、「給付費を受け取った」という旨の通知を出すことはできません。

〔注意すべき点〕

☐ 法定代理受領通知書の発行日付は、給付費が振り込まれた日以降の日付です。

☐ 表題は法定代理受領のお知らせであることがわかるように表記します（タイトルの下に代理受領した旨の説明文を加えることでも構いません）。

☐ 保護者からの問い合わせ先（事業所の連絡先）を付記しておきましょう。

☐ 障害児サービス費について、サービスの種類ごとの内訳明細を記載すると、保護者にとってわかりやすい通知書になります（必須ではありません）。

☐ 報酬単価を記載しても構いませんが、報酬単価しか記載せず金額が記載されていない場合は通知書として認められません。

サービスの 提供
＝
障害児サービス費の発生

自負担額の請求

給付費の請求

受理   ←国保連

支払い

給付費の受領

領収証です。

領収証を交付する

代理受領しました！

給付費の額を通知する
（法定代理受領額通知書）

〔通知書に記載する内容のサンプル〕

① 通知書の発行日付　　　　⑥ サービス提供年月
② 通知宛先(保護者氏名)　　⑦ 受領日付（国保連からの振り込みがあった日付）
③ 表題　　　　　　　　　　⑧ 金額
④ 利用者の氏名　　　　　　　└障害児サービス費（保護者負担額と代理受領額の合計）
⑤ サービスの種類　　　　　　└保護者負担額
　　　　　　　　　　　　　　　└代理受領額（国保連から受領した金額）

****

もしも法定代理受領の仕組みがなかったら

法定代理受領の仕組みがなかったとしたらどうなるでしょうか。
保護者は一旦、事業所に請求された障害児サービス費の全額を支払います。
その後に、自分で国保連に給付費の請求をしなければなりません。

請求事務にはパソコンが必須で、複雑なサービスコード体系を理解する必要があるなど、
一般の人にはハードルが高いものです。
請求手続きに間違いがあると給付費は支給されません。

一時的とはいえ金銭上の負担になるうえ、
複雑な請求業務をクリアするまで給付費は戻らない……。
給付費の支給が長引けば、保護者の負担はその分さらに大きくなります。
そうなると、事業所への支払いが滞ることにもなりかねません。

法定代理受領の仕組みのおかげで、保護者はわずらわしい請求事務から解放され、
事業者は障害児サービス費を確実に受け取ることができるのです。

****

memo

第8章
支援業務を適切に遂行するために2
（ハラスメントのない職場・情報管理がしっかりした職場）

この章ではハラスメント防止と秘密保持をとりあげます。
一見すると相異なる2つのテーマですが、子どもと支援する従業者の
双方にとって大事なポイントです。ハラスメントに悩みながら
子どもに良い支援サービスを提供できるはずがありませんし、
情報管理がずさんではそもそも信頼を得ることはできません。
子どもと従業者がともに安心して過ごせる環境を確保するためにも、
しっかり対応するようにしてください。

1. ハラスメントの防止

● 従業者の就業環境の確保

ハラスメント防止のために

職場でのハラスメントにより働く環境が害されることがないよう、方針を明確化するなどの措置を講じることが求められています。ハラスメントには、上司や同僚のほか、従業者以外の人から受けるものも含まれます（従業者以外の人の例：本部の職員などの法人の関係者、利用している児童、その保護者など）。

利用者（子ども）による従業者への問題行動にも目を配る必要があります。子どもが従業者に対して問題行動を行う場合については、従業者からの相談や苦情等に対して適切に対応するための体制を整備しておきましょう（小規模な事業所の場合、たとえば相談を受ける担当者を決めておく、等）。子どもの問題行動が次第に減って、心身が健やかに成長・発達するよう支援していくことが必要である、という点にも留意してください。

88

具体的にどうするか

ハラスメントの防止は法律で取り組むように定められています。実際にどのように対応するべきなのか、厚生労働省は「講ずべき措置」と「講じることが望ましい取組」に分けて説明しています。

パワーハラスメント、セクシュアルハラスメント
妊娠、出産、育児休業等に関るハラスメント

法律で禁止 → 防止と対策が義務化
　　　　　　さらに
法
　　　　　講ずべき措置
　　　　　講じることが望ましい取組

≪講ずべき措置≫

方針について特に留意すべきこと

・「どんなことがハラスメントになるのか」と、「ハラスメントを行ってはならない」ということの2点を方針として定める（内容も明確に）
・この方針を従業者に周知して、みんなの理解を促す相談のための体制
・相談に応じる担当者などの相談窓口を定め、従業者に周知する

この事業者としての措置義務は、令和4〔2022〕年4月1日以降全ての企業（事業者）が適用対象です〔法定義務です！〕

≪講じることが望ましい取組≫

カスタマーハラスメント防止について

・相談に適切に対応できる体制を整える
・被害者への配慮（メンタルヘルスが不調という相談を受けたらどうするか、従業者が1人でハラスメント行為者に対応しない、といったことを決めておく）
・被害防止のための取組（マニュアルの作成や研修の実施など）

具体的に何をしたらいい？

法　　　　　事業者
　　　　　　事業主

パンフレット

厚労省から出ている
パンフレットやリーフレットに
詳しく記されています。

講ずべき措置の具体的内容

「講ずべき措置」については、前ページで説明した「特に留意すべきこと」に対応するほか、措置の具体的な内容を規定しておくことも求められています。この具体的な内容とは、厚生労働省から出ている次の2つの指針のことを指しています。

①『事業主が職場における性的な言動に起因する問題に関して雇用管理上講ずべき措置等についての指針』
②『事業主が職場における優越的な関係を背景とした言動に起因する問題に関して雇用管理上講ずべき措置等についての指針』

これらの指針はページ数が多く、法令の条項に言及するなど、読みやすいとは言えません。そこで活用できるのが、次の厚生労働省のパンフレットです。全部で60ページを超えるパンフレットですが、指針について丁寧に説明されています。

「職場におけるパワーハラスメント対策が事業主の義務になりました！
～～セクシュアルハラスメント対策や妊娠・出産・育児休業等に関するハラスメント対策とともに対応をお願いします～～」P.90の③〔パンフレット〕
└講ずべき措置について：P.19〜P.30
　パワハラについて：P.20〜／セクハラ等について：P.21〜
└望ましい取組について：P.31〜P.33　　　　　　　　　など

講ずべき措置

指針の明文化
その周知と啓発

適切に対応する
体制の整備

事後の迅速かつ
適切な対応

併せて
講ずべき措置

講じることが望ましい取組

- 各種ハラスメントの一元的な相談体制の整備
- 職場におけるハラスメントの原因や背景となる要因を解消するための取組
- 雇用管理上の措置を講じる際に労働者や労働組合等の参画を得る

【厚生労働省のハラスメント防止に係るＨＰから】

　紹介している資料を掲載している厚生労働省のＨＰや、個々の指針・パンフレットの URL は次の通りです。

「職場におけるハラスメントの防止のために」（セクシュアルハラスメント /
妊娠・出産・育児休業等に関するハラスメント / パワーハラスメント）の HP
https://www.mhlw.go.jp/stf/seisakunitsuite/bunya/koyou_roudou/
koyoukintou/seisaku06/index.html

① 〔セクハラ〕事業主が職場における性的な言動に起因する問題に関して雇用管理上
　　　　　　　講ずべき措置等についての指針（平成18年厚生労働省告示第615号）
　　　　　　　〔令和2〔2020〕年6月1日適用〕
　　　　　　　https://www.mhlw.go.jp/content/11900000/000605548.pdf

② 〔パワハラ〕事業主が職場における優越的な関係を背景とした言動に起因する
　　　　　　　問題に関して雇用管理上講ずべき措置等についての指針
　　　　　　　（令和2年厚生労働省告示第5号）
　　　　　　　〔令和2〔2020〕年6月1日適用〕
　　　　　　　　https://www.mhlw.go.jp/content/11900000/000605661.pdf

③ 〔パンフレット〕「職場における・パワーハラスメント対策・セクシュアルハラスメント
　　　　　　　　　対策・妊娠・出産・育児休業等に関するハラスメント対策は事業主
　　　　　　　　　の義務です！」
　　　　　　　　　https://www.mhlw.go.jp/content/11900000/001019259.pdf

参考：厚生労働省パンフレット
「職場におけるパワーハラスメント対策が事業主の義務になりました！」P .20～
パワーハラスメント

指針に定められている事業主が講ずべき措置のポイント

事業主が、**その雇用する労働者又は事業主（法人である場合はその役員）自身が行う職場における
パワーハラスメントを防止するため雇用管理上講ずべき措置**は以下のとおりです。
※ 事業主は、これらの措置を必ず講じなければなりません。

職場におけるパワーハラスメントを防止するために講ずべき措置

事業主の方針の明確化及びその周知・啓発 →詳細 P22

① ・パワーハラスメントの内容
・パワーハラスメントを行ってはならない旨の方針
を明確化し、管理監督者を含む労働者に周知・啓発すること

② パワーハラスメントの行為者については、厳正に対処する旨の方針・対処の内容を就業規則等の文書に
規定し、管理監督者を含む労働者に周知・啓発すること。

相談（苦情を含む）に応じ、適切に対応するために必要な体制の整備 →詳細 P24

③ 相談窓口をあらかじめ定め、労働者に周知すること。

④ 相談窓口担当者が、内容や状況に応じ適切に対応できるようにすること。
パワーハラスメントが現実に生じている場合だけでなく、発生のおそれがある場合や、パワーハラスメン
トに該当するか否か微妙な場合であっても、広く相談に対応すること。

職場におけるパワーハラスメントへの事後の迅速かつ適切な対応 →詳細 P26

⑤ 事実関係を迅速かつ正確に確認すること。

⑥ 事実関係の確認ができた場合には、速やかに被害者に対する配慮のための措置を適正に行うこと。

⑦ 事実関係の確認ができた場合には、行為者に対する措置を適正に行うこと。

⑧ 再発防止に向けた措置を講ずること。

併せて講ずべき措置 → 詳細 P28

⑨ 相談者・行為者等のプライバシーを保護するために必要な措置を講じ、労働者に周知すること。

⑩ 事業主に相談したこと、事実関係の確認に協力したこと、都道府県労働局の援助制度を利用したこと等
を理由として、解雇その他不利益な取扱いをされない旨を定め、労働者に周知・啓発すること。

★ このほかの望ましい取組についても、P31～33を参照の上、積極的な取組をお願いします。

参考：厚生労働省パンフレット
「職場におけるパワーハラスメント対策が事業主の義務になりました！」P.21 ～
セクシャルハラスメント等

指針に定められている事業主が講ずべき措置のポイント

事業主が、**職場におけるセクシュアルハラスメント又は妊娠・出産・育児休業等に関するハラスメント**
を防止するため雇用管理上講ずべき措置は以下のとおりです。

※ 事業主は、これらの措置を必ず講じなければなりません。

| 職場におけるセクシュアルハラスメントを防止するために講ずべき措置 | 職場における妊娠・出産・育児休業等に関するハラスメントを防止するために講ずべき措置 |

事業主の方針の明確化及びその周知・啓発　　　　　　　　　→詳細 P22

① ・セクシュアルハラスメントの内容
・セクシュアルハラスメントを行ってはならない旨の方針
を明確化し、管理監督者を含む労働者に周知・啓発すること。

・妊娠・出産・育児休業等に関するハラスメントの内容
・妊娠・出産等、育児休業等に関する否定的な言動が職場における妊娠・出産・育児休業等に関するハラスメントの発生の原因や背景となり得ること
・妊娠・出産・育児休業等に関するハラスメントを行ってはならない旨の方針
・制度等の利用ができること
を明確化し、管理監督者を含む労働者に周知・啓発すること。

② セクシュアルハラスメントや妊娠・出産・育児休業等に関するハラスメントの行為者については、厳正に対処する旨の方針・対処の内容を就業規則等の文書に規定し、管理監督者を含む労働者に周知・啓発すること。

相談（苦情を含む）に応じ、適切に対応するために必要な体制の整備　　→詳細 P24

③ 相談窓口をあらかじめ定め、労働者に周知すること。

④ 相談窓口担当者が、内容や状況に応じ適切に対応できるようにすること。
セクシュアルハラスメントや妊娠・出産・育児休業等に関するハラスメントが現実に生じている場合だけでなく、発生のおそれがある場合や、これらのハラスメントに該当するか否か微妙な場合であっても、広く相談に対応すること。

職場におけるハラスメントへの事後の迅速かつ適切な対応　　　　→詳細 P26

⑤ 事実関係を迅速かつ正確に確認すること。

⑥ 事実確認ができた場合には、速やかに被害者に対する配慮の措置を適正に行うこと。

⑦ 事実確認ができた場合には、行為者に対する措置を適正に行うこと。

⑧ 再発防止に向けた措置を講ずること。

併せて講ずべき措置　　　　　　　　　　　　　　　　　　　→詳細 P28

⑨ 相談者・行為者等のプライバシーを保護するために必要な措置を講じ、周知すること。

⑩ 事業主に相談したこと、事実関係の確認に協力したこと、都道府県労働局の援助制度の利用等を理由として解雇その他不利益な取扱いをされない旨を定め、労働者に周知・啓発すること。

職場における妊娠・出産・育児休業等に関するハラスメントの原因や背景となる要因を解消するための措置　　　　　　　　　　　　　→詳細 P30

⑪ 業務体制の整備など、事業主や妊娠等した労働者その他の労働者の実情に応じ、必要な措置を講ずること。

★ このほかの望ましい取組についても、P31～32を参照の上、積極的な取組をお願いします。

2．秘密保持等

● 秘密保持の義務

秘密を洩らさないために

職務を通じて知ることができた子どもやその家族の秘密は、正当な理由がある場合を除いて、漏らさないことが義務付けられています。この秘密保持の義務は、現在事業所で勤務している従業者等だけでなく、退職した過去の従業者等も対象です。採用時に将来退職した後も秘密保持が義務付けられなければなりません。ボランティアや実習生なども対象です。具体的には、守秘義務について誓約書の提出や、あるいは雇用契約に明記する、といった対応が必須です。

「秘密」とは
○ 個人情報　　氏名・住所・生年月日、等…
○ 要配慮個人情報　　心身の障害に係る情報
　└個人情報保護法で「取扱いに特に配慮を要する個人情報」とされています
○ その他のさまざまな秘密（プライバシー、個人事業に係る秘密、など）
　　　　　　　　　　　　　　　　　　　　　　…などです。

他の福祉サービス機関等と連携するなどのために、子どもやその家族の
情報を提供する際は、あらかじめ文書で同意を得ておくことが必要です
→契約時に包括的な同意を得ておけば〇Kです

秘密の漏えい・紛失はさまざまなルートで起こり得ます。たとえば、
・子どもや家族の情報を記載した書類を紛失する、誤って廃棄する
・郵送する際に他人の書類を封入してしまう
・家庭訪問時に誤って他人の書類を渡してしまう
　（気づかないまま後日に「他人の書類です」と連絡が来る）

● 情報管理は万全ですか？

情報機器・ＩＴ環境における情報管理

秘密の漏えい・紛失はさまざまなルートで起こり得ます。たとえば、

○ 情報が入っているスマートフォンやＰＣで…

　　紛失する／盗難にあう／ハッキングで情報を抜き取られる

○ SNS…

　　プライバシー情報を投稿してしまう、投稿するのは問題外

　　コピーペーストの操作ミスなどでうっかり投稿してしまうことも起こり得ます

○ クラウドサービス、PC ソフト、アプリなどで…

　　アクセス情報の漏えい（アカウント番号とパスワードなど）

情報機器やノート類は「業務」と「私用」の区別をしっかりと！

支援サービス業務は、事業所としての設備・備品等を用いるのが基本です。PC やスマートフォン、ノート類も例外ではありません。子どもやその家族の情報を個人で所有する機器やノートに入力・保存するのは、緊急時の連絡に必要な情報等のみとするようにしてください。

memo

第9章
非常災害対策と業務継続計画

非常災害対策が安全の確保に重点が置かれていることに対し、
業務継続計画はサービス提供の継続・再開に重点が置かれています。
この章では自然災害などを対象とし、計画に記載しておくべき内容を
紹介します。

1．非常災害対策

● 非常災害対策の位置づけなど

体制の整備と従業者への周知

災害は、起きて欲しくないものです。でも、いざ起きてしまった時に全員の安全を確保し、被害をできるかぎり抑えるためには、日頃からの備えが非常に重要です。

≪必須の体制整備！≫
・消火設備などの必要な設備を整える
・非常災害に関する具体的な計画を策定する
・非常災害時の関係機関への通報・連絡体制を整備する
　➡ 火災発生時は消防署への通報、避難、救出
　➡ 行方不明者が生じたら110番（警察）
　➡ 市への連絡（事故報告）

これらの体制を整備するとともに、定期的に従業者に周知しましょう！

確認しましょう

・消防法などに定められた消化設備など
　消火器を設置する必要がないか、確認していますか？
・防火管理者と消防計画
　使用している建物の用途と収容人員によっては、「防火管理者」を選任して
　消防署へ届出する必要があります。その場合、「防火管理者」は
　「消防計画」を作成して消防署に提出しなければなりません。
※個別の建物についての防火管理や消防計画に関するご相談は、
　管轄の消防署の査察係に問い合わせてください。

訓練について

避難訓練は定期的に実施しなければなりません。訓練の実施に当たっては、地域の住民との連携に努めましょう。
日頃から地元の消防団や自治会などとコミュニケーションをはかり、万が一火災などが発生した時に協力してもらえるようにしておきましょう。

また、ハザードマップ等を活用し、事業所の所在地の状況に合わせた避難計画の作成と訓練を行いましょう。

参考　神戸市ハザードマップ（令和5〔2023〕年1月時点）
https://www.city.kobe.lg.jp/a19183/bosai/prevention/map
/tokubetugou_new/index.html

非常災害対策

体制の整備

必要な設備を整える

具体的な計画を立てる

通報・連絡体整を整備する

訓練

定期的な訓練 → 自助

地域住民との連携

消防団や自治体との 〉共助

日頃からのコミュニケーション

年間行事や地域の
イベントなどを通して
顔の見える関係に
なっておく。など

従業者への周知

訓練

災害、ケガ、急病…どんなに訓練していても いざ直面すると気持ちは動揺します。
動揺するのは自然な反応です。日頃から訓練を重ねていれば
「いざ！」という時、動揺しても、体が自ずと動く!!

たとえば 地震

たとえば 火災

2．業務継続計画（BCP: Business Continuity Plan）

業務継続計画とは、自然災害や感染症等で不測の事態が起こっても事業を中断させない、または可能な限り短い期間で復旧させるための手順等を定めた計画のことです。令和3〔2021〕年の運営基準改正で新しく定められました。

避難訓練などの災害対策とは別の概念ですので、間違えないよう注意しましょう。計画の作成は、令和6〔2024〕年4月1日から義務になります（それまでは努力義務です）。

● 業務継続計画の基本

非常災害が発生すると、通常通りに業務を行うことが困難になります。できるだけ子どもへの支援が途切れないようにする方法を予め考え、計画としてまとめておくことが求められます。安全確保ができないなどの事情で、やむを得ずサービス提供を中断する場合のことも考えておく必要があります。自然災害の場合、そうせざるを得ないケースが少なくないでしょう。なるべく早くサービスが再開できるようにするための方策を検討して、計画のなかに盛り込むようにしましょう。

さらに、一定期間以上にわたりサービス提供の再開が困難という状況になった場合のことを想定して、代替手段を検討しておくことも必要です。業務継続計画の対象となる災害事象はさまざまです。地震や大雨といった自然災害のほか、何らかの事情で建物設備が一時的に使用できないというケースも想定に加えておきましょう。

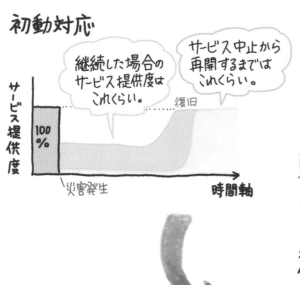

なるべく子どもへの支援が途切れることのないようにする方法を予め考え、計画としてまとめておく。

100

● 従来からある非常災害対策と業務継続計画との違い

・非常災害対策は、避難訓練など安全の確保に重点が置かれています。
・業務継続計画は、安全を確保した上でどのように継続・再開するかが重視されます
　（両者の間には重複するところもあります）。

非常災害の発生

初動対応

身体、生命の安全確保
被害の軽減
被害者の救助・支援
消火　など

救護　　　消火　　　避難

BCP対応

初動対応に加えて
避難確保・レベルの向上
利用者の保護、
職員の確保、備蓄物資
代替施設 など
→ サービスの継続

地域との支え合い など

インフラやライフラインが
まひした時の対応

サービス継続のための計画

職員確保　備蓄　代替施設

復旧

【厚生労働省のホームページ】
　障害者福祉サービス事業所の業務継続計画について、厚生労働省のホームページにガイドライン
　等が掲載されていますので、適宜参考にしてください。

◎ 障害福祉サービス事業所等における自然災害発生時の業務継続　
　　ガイドライン等について
　ＨＰ　https://www.mhlw.go.jp/stf/newpage_17517.html
　　└HP からは計画のひな形をダウンロードすることができます。
　ガイドラインの PDF ファイル　
　　　　https://www.mhlw.go.jp/content/12200000/000756659.pdf

◎ BCP の策定・見直し……前掲の厚生労働省ガイドライン（P.4）より
　　重要な取組は、たとえば
・各担当者をあらかじめ決めておくこと（誰が、いつ、何をするか）
・連絡先をあらかじめ整理しておくこと
・必要な物資をあらかじめ整理、準備しておくこと
・上記を組織で共有すること
・定期的に見直し、必要に応じて研修・訓練を行うこと　等が挙げられます

● 業務継続計画に盛り込むべき内容

業務継続計画の内容は、事業所の特徴や置かれた環境、事業所を運営する法人の方針などに応じてさまざまですが、必ず記載すべき点が解釈通知に明記されています。もちろん、細部の項目は事業所の実態に応じて設定することが前提です。解釈通知の必須項目を次表に挙げておきます。なお、次章で取り上げる感染症の業務継続計画と災害時の業務継続計画を1つの計画にまとめてもいいですし、それぞれ別個に策定しても構いません。

業務継続計画に必須の記載事項

ア：感染症に係る業務継続計画　　※詳細は次章で説明します

平時からの備え
体制の整備／感染防止に向けた取組の実施／
備蓄品の確保等

初動対応

感染拡大防止体制の確立
保健所との連携／濃厚接触者への対応／
関係者との情報共有等

イ：災害に係る業務継続計画

平常時の対応
建物・設備の安全対策／電気・水道等のライフ
ラインが停止した場合の対策／必需品の備蓄等

緊急時の対応
業務継続計画の発動基準／対応体制等

他施設及び地域との連携

● 業務継続計画の周知

計画の内容は、管理者や児童発達支援管理責任者が知っていればこと足りる、というものではありません。従業者への周知漏れが起きないよう注意してください。計画の内容を知らせても、次第に忘れてしまう人がいるかもしれません。いざという時に業務継続計画が真に役立つよう、研修や訓練の実施が必要です。なお、訓練はシミュレーションでも構いません。そして、策定した業務継続計画は、有事に備えて日頃から適宜見直しを行うことが望まれます。

● 研修と訓練について

研修
業務継続計画は、年1回以上定期的に研修を実施することが求められます。新規採用者は、事業所の業務の流れなどを十分理解するのに時間がかかることも配慮して、別途に研修を行いましょう。

訓練　※シミュレーションの場合
災害が発生した事態を想定してシミュレーション訓練を実施します。
・役割分担の確認
・感染症や災害が発生した際に実施する支援の「演習」　など
⇒シミュレーションは机上訓練、実地訓練のいずれでも〇K

業務継続計画の訓練も年1回以上

研修・訓練いずれにも共通
・後述する感染症予防やまん延防止のものとそれぞれ一体的に実施しても構いません。
・記録（実施日、開催場所、出席者、内容、検証結果などを記載）を忘れずに!!

業務継続計画が真に役立つために

BCPについて従業者に漏れなく周知する → 災害発生時に活用されるように

被災想定のこと
安全対策のこと
備蓄のこと

BCP

緊急時の対応のこと
連携体制のこと
地域との連携のこと

門外不出じゃ

訓練
研修

検証
見直し

新規採用者には別途
研修をするなどの
配慮を

日頃の訓練あってこそ
いざという時 体が動く！

訓練の実施は基準に
定められているので
記録に残しましょう！

BCPは初動対応だけでなく、中長期の対策です。
「いざというときのために」の備えは、子どもたちのことも
従業者たちのことも助けてくれるものです。
読んで終わり、知って終わりにせず、しっかり取り組んで下さい！！

● 厚生労働省『自然災害発生時の業務継続ガイドライン』について

「共通事項」と「通所系固有事項」

ガイドラインは、事前の備えと災害発生時の対応について、さまざまな事業に共通する「共通事項」と、放課後等デイサービスや児童発達支援などの通所事業に固有の「通所系・固有事項」に分けて記載しています。

「通所系・固有事項」

この事項に記載されている内容は、全ての放課後等デイサービス・児童発達支援の事業所においてしっかりと対応策等を策定しておくようにしてください。

「共通事項」

この事項に記載されている内容は、具体的にどのような内容を業務継続計画に盛り込むか、業容規模や運営体制などによって千差万別です。中には総務部などの組織体制があることを想定しているような事項も含まれていて、小規模な事業者には当てはまらない項目も相応にあると考えられます。実効性のある業務継続計画になるよう、実状に応じてどうすればいいか判断してください。

● 自然災害発生に備えた対応・発生時の対応（通所系・固有事項）」

厚生労働省『自然災害発生時の業務継続ガイドライン』 P .33 より

平時からの対応

・サービス提供中に被災した場合に備え、緊急連絡先の把握にあたっては、複数の連絡先や連絡手段（固定電話、携帯電話、メール等）を把握しておくことが望ましい。
・特定相談支援事業所と連携し、利用者への安否確認の方法等をあらかじめ整理しておく。
・平常時から地域の避難方法や避難所に関する情報に留意し、地域の関係機関（行政、自治会、職能・事業所団体等）と良好な関係を作るよう工夫することも望まれる。

災害が予想される場合の対応

・台風などで甚大な被害が予想される場合などにおいては、サービスの休止・縮小を余儀なくされることを想定し、あらかじめその基準を定めておくとともに、特定相談支援事業所にも情報共有の上、利用者やその家族にも説明する。その上で、必要に応じ、サービスの前倒し等も検討する。

災害発生時の対応

・BCP に基づき速やかなサービスの再開に努めるが、サービス提供を長期間休止する場合は、特定相談支援事業所と連携し、必要に応じて他事業所の訪問サービス等への変更を検討する。

・利用中に被災した場合は、利用者の安否確認後、あらかじめ把握している緊急連絡先を活用し、利用者家族への安否状況の連絡を行う。利用者の安全確保や家族への連絡状況を踏まえ、順次利用者の帰宅を支援する。その際、送迎車の利用が困難な場合も考慮して、手段を検討する。帰宅にあたって、可能であれば利用者家族の協力も得る。関係機関とも連携しながら事業所での宿泊や近くの避難所への移送等で対応する。

・被災により一時的に事業所が使用できない場合は、利用者宅を訪問するなど代替サービスの提供を検討する。

固有事項の業務継続計画を策定すれば共通事項はなくてもよいという訳ではないので、注意してください。

memo

第10章
衛生管理・感染症対応および安全の確保

この章では感染症対策など衛生管理に関すること、
感染症発生時における業務継続計画について紹介します。
また、令和5〔2023〕年度から新たに運営基準に追加された
送迎車両の安全対策についても紹介します。

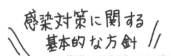

1．衛生管理等の基本事項

● 適切な衛生管理

子どもと従業者が感染の危険から守られるよう衛生管理を徹底しましょう。

衛生管理を確実に
設備や飲み水などの衛生管理は基本中の基本です。そのためには、装置や器具の点検などの管理がとても大事です。従業者が子どもの動きに気をとられて、衛生管理がおろそかになってしまうことがないよう、注意しましょう。

① 事業所の感染対策
　・設備の衛生管理
　・飲み水の衛生管理
　・衛生管理に必要な器具等の点検など
　・従業者の清潔保持、健康状態の管理
　・手指洗浄の設備
　・使い捨て手袋などの確保

② 感染症の発生やまん延を防止するための措置
　・感染症や食中毒を防止するために必要に応じて
　　保健所の助言・指導を受ける
　・空調などで室内の適温を確保

③ 別途通知が出されている感染症についての措置
　・インフルエンザ
　・腸管出血性大腸菌感染症（○ 157 等）
　・レジオネラ症　　など

③については、それぞれに通知等が出されています
厚生労働省の食中毒についてのＨＰ（令和 5〔2023〕年 7 月時点）
https://www.mhlw.go.jp/stf/seisakunitsuite/bunya/kenkou_
iryou/shokuhin/syokuchu/index.html

2．感染対策委員会

令和3〔2021〕年の運営基準改正において、感染症及び食中毒の予防及びまん延の防止のための対策を検討する委員会（「感染対策委員会」と呼称します）を設置することが定められました。
感染対策委員会の設置は、令和6〔2024〕年4月1日から義務になります（それまでは努力義務です）。

● 感染対策委員会

感染対策委員会を設置して定期的に開催することと、委員会で審議した結果を従業者に周知徹底することが求められます。

・委員会は幅広い職種の人で構成しましょう。
　例えば、管理者、児童発達支援管理責任者、児童指導員、看護職員などがいる場合はその人もメンバーに加えましょう！
　できれば、外部の感染管理の専門家に加わってもらうことが望ましいです。

・構成メンバーの責務や役割分担を明確にしましょう！

・専任の「感染対策担当者」を決めておきましょう。

・事業所の状況に応じて概ね3月に1回以上、定期的に開催しましょう。

・感染症が流行する時期などは必要に応じて随時に開催しましょう。

・感染対策委員会は、他の委員会から独立して設置・運営することが必要です。
　ただし、感染症とお互いに関係が深い他の委員会などがある場合は、
　その会議と一体的に設置・運営しても構いません。

● 「感染症及び食中毒の予防及びまん延の防止のための指針」について

この指針は、略して「感染対策指針」ともいいます。事業所において感染対策指針を策定することが、令和6〔2024〕年4月1日から義務になります（それまでは努力義務です）。

指針で規定しておく内容

主な項目は次の欄の通りです（より具体的には「障害福祉サービス施設・事業所職員のための感染対策マニュアルについて（通所施設）」を参照してください）。

平常時の対策
衛生管理
環境の整備、排せつ物の処理、血液・体液の処理等
日常の支援にかかる感染対策
予防策（血液や排せつ物などに触れるとき、傷や創傷皮膚に触れるときの取り決め）、手洗いの基本、感染や食中毒を早期に発見するための日常の観察項目など

発生時の対応
発生状況の把握、感染拡大の防止、関係機関（医療機関や保健所、市の関係部署）との連携、医療処置、行政への報告　など

体制の整備
発生時における事業所内の連絡体制の整備、関係機関（医療機関や保健所、市の関係部署）への連絡体制の整備

---- 参　考 --

【厚生労働省のホームページ】
障害者福祉サービス事業所の感染対策マニュアル・業務継続ガイドラインについて、
厚生労働省のホームページに掲載されていますので、適宜参考にしてください。

感染対策マニュアル・業務継続ガイドライン等について
（ガイドラインや指針作成の手引きなどが掲載されています）
HP　https://www.mhlw.go.jp/stf/newpage_15758.html

障害福祉サービス施設・事業所職員のための感染対策マニュアル〔通所施設〕
PDFファイル
https://www.mhlw.go.jp/content/12200000/1225_tuusyo-2_s.pdf

● 研修・訓練について

感染対策の基礎知識などを事業所のなかでしっかり共有して、もしもの時に迅速に対応できるようにしましょう。

研修

指針に基づいた衛生管理を徹底して子どもの支援を衛生的に行うためにも、研修は不可欠です。研修は前掲の「障害福祉サービス施設・事業所職員のための感染対策」をテキストにするなど活用して、事業所のなかで実施するといいでしょう。

訓練〜シミュレーション

感染症を想定して、発生した時に迅速に行動できるようシミュレーション訓練を定期的に行う必要があります。

やり方は机上シミュレーション訓練と実地シミュレーション訓練のいずれでも構いません
（なるべく両者を組み合わせるのが望ましいです）

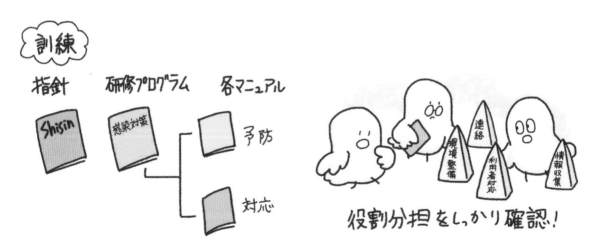

研修・訓練ともに定期的に年2回以上（年1回ではありません！）
記録（研修の内容も）を忘れずに！

3. 業務継続計画（感染対策関連）

業務継続計画は、災害の発生時に関するものだけでなく、感染症の発生時についても策定しておく必要があります（業務継続計画の全体的な基本事項については前章を参照してください）。
なお、災害時の業務継続計画と感染症についての業務継続計画は、別々に策定してもいいですし、1つの業務継続計画のなかに両方を組み込んでも構いません。

● 感染症に際しての業務継続計画の基本

新型コロナウイルスの経験を生かしましょう。

平時からの備え
体制構築・整備
感染症防止に向けた取組の実施
備蓄品の確保等

初動対応

感染拡大防止体制の確立
保健所との連携
濃厚接触者への対応
関係者との情報共有等

いつどのような感染症が起きるかは誰にもわかりません。
厚生労働省のガイドラインなどを参考にしながら、業務継続計画を策定してください。

---- 参　考 --

【厚生労働省のホームページ】
感染対策マニュアル・業務継続ガイドライン等について
HP　https://www.mhlw.go.jp/stf/newpage_15758.html
障害福祉サービス事業所等における新型コロナウイルス感染症発生時の業務継続
ガイドライン
PDF ファイル　https://www.mhlw.go.jp/content/12200000/000940032.pdf
ここに記載されている内容は、新型コロナウイルス以外の感染症などにも
応用できるものです。参考資料として活用してください。

感染症の発生時は、感染状況や医療機関の状況などに応じて関係機関から随時出される指示や要請を見落とすことがないよう注意が必要です。

感染の拡大防止に必要なことを必ず実施するとともに、子どもが支援サービスを受けられるよう配慮してください。やむを得ずサービス提供を中止する場合には、なるべく早期に再開できるよう日頃の体制整備が欠かせません。

感染症流行期　情報の見落としがないように！

感染状況は日々変わるので状況の変化に応じた対応が不可欠です。

 事業所内で感染症発生

感染の拡大防止！
安全確保を優先しながら、
支援サービスを継続

業務継続計画と感染対策の研修・訓練

感染症に係る業務継続計画と、感染症対策の研修・訓練をそれぞれ一体的にまとめて実施しても構いません。

	災害に係る業務継続計画	感染症に係る業務継続計画	感染症対策
研修	年1回以上	年1回以上	年2回以上
訓練上	年1回以上	年1回以上	年2回以上

まとめて実施してOK！

BCP の策定・見直し

障害福祉サービス事業所等における新型コロナウイルス感染症発生時の業務継続ガイドライン（P.3）より

重要な取組の例として挙げられる事項の例
・各担当者を決めておくこと（誰が、何をするか）
・連絡先を整理しておくこと
・必要な物資を整理しておくこと
・上記を組織で共有すること
・定期的に見直し、必要に応じて研修・訓練を行うこと ≪参考≫

《参考》障害福祉サービス事業所等における新型コロナウイルス感染症発生時の業務継続ガイドライン（P.4）より
　　BCPと「障害福祉サービス施設・事業所職員のための感染対策マニュアル」に含まれる内容の違い（イメージ）

	BCP	BCP	感染対策マニュアル
平時の取組	ウイルスの特徴	△	◎
	感染予防対策 手指消毒の方法、 ガウンテクニック等、含む研修	△	◎
	健康管理の方法	△	◎
	体制の整備・担当者の決定	◎	△
	連絡先の整理	◎	△
	研修・訓練（緊急時対応を想定した）	◎	○
	備蓄	◎	○
	情報共有	◎	○
感染（疑い）者 発生時の対応	情報発信	◎	○
	感染拡大防止対策 （消毒、ゾーニング方法等）	△	◎
	ケアの方法	△	◎
	職員の確保	◎	○
	業務の優先順位の整理	◎	×
	労務管理	◎	×

※◎、○、△、×は必要度をイメージするためのものであり、△や×が、その項目を「含めなくてよい」という意味ではありません。

表はイメージです。作成の参考にしてください。

内容（項目）は全て必要

感染症×
BCP◎

感染症◎

BCP
かね

こっちかな

BCP　感染症

感染症ＢＣＰと白然災害ＢＣＰの違い

障害福祉サービス事業所等における新型コロナウイルス感染症発生時の業務継続ガイドライン
(P.7) より

	事業継続方針	被害の対象	被害制御
自然災害 BCP	できる限り継続・早期再開 サービス形態を変更して継続	主として、建物・設備 社会インフラへの被害が大きい	兆候がなく突発的 被害は事後の 制御が不可能
感染症 BCP 長期化するか 予想困難	感染リスク 経営面 社会的責任 勘案して 運営判断 情報を正確に入手しその都度 的確に判断していくことが必要	人への被害 人員への影響 事業継続は主に 人のやりくりの問題	被害は感染防止策 により左右される ↓ 感染防止策が重要！

ポイントは次の３点です

①**情報を正確に入手し、その都度、的確に判断をしていくことが重要**

感染の流行影響は、不確実性が高く予測が困難です。

それでも、利用者・職員への感染リスク、業務を継続する社会的責任、事業所を運営していくための収入の確保などの観点を踏まえて業務継続レベルを判断していく必要があります。そのため、正確な情報を収集し、その都度的確に判断を下していくことが求められます。

②**業務継続は、主にヒトのやりくりの問題**

感染拡大時の職員確保策をあらかじめ検討しておくことが重要です。また、物流の混乱などの理由から感染予防に必要な物資の不足が起こり得ることから、平常時から備蓄しておくことが必要です。

③**感染防止策が重要**

上述の職員確保策に加え、感染防止策についてもあらかじめ検討し、適切に実施しておくことが重要です。

これらは、厚生労働省ガイドラインから BCP について検討する上で、ポイントになると思われるものを抜粋して引用しています。

業務継続計画に盛り込む内容は事業者（法人）の規模や業務の範囲などによってさまざまです。ガイドライン本文に目を通して、事業所に適した内容となるようにしてください。

感染（疑い）者発生時の対応（通所系）

障害福祉サービス事業所等における新型コロナウイルス感染症発生時の業務継続ガイドライン（P.24）より

平時対応	
（1）体制構築・整備	☐ 体制整備 ☐ 意思決定者・担当者の決定 ☐ 役割分担
（2）情報共有・連携	☐ 情報共有範囲の確認 ☐ 報告ルールの確認 ☐ 報告先リストの作成・更新
（3）感染防止に向けた取組の実施	☐ 最新情報（感染状況、政府や自治体の動向等）の収集 ☐ 基本的な感染症対策の徹底 ☐ 利用者・職員の対象管理 ☐ 事業所内出入り者の記録管理
（4）防護具・消毒液等備蓄品の確保	☐ 保管先・在庫量の確認、備蓄 ☐ 委託業者の確保
（5）職員対応（事前調整）	☐ 職員の確保 ☐ 相談窓口の設置
（6）業務調整	☐ 運営基準との整合性確認 ☐ 業務内容の調整
（7）研修・訓練の実施	☐ BCP の共有 ☐ BCP の内容に関する研修 ☐ BCP の内容に沿った訓練
（8）BCP の検証・見直し	☐ 課題の確認 ☐ 定期的な見直し

「平時対応」とは、感染疑い事例が発生していない状態。

⇒日頃から備えることを心がけてください。

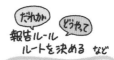
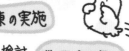

4．安全計画・自動車での送迎

● 安全計画

設備の安全点検や事業所内外での安全に関する指導、研修、訓練などについて、事業所ごとに計画を策定して実施することが求められます。令和6〔2024〕年4月1日から義務になります（それまでは努力義務です）。

計画の主な内容の例

・たとえば次の項目について定期的に実施することを明確にしておきましょう

・いつ、何をするかの計画を作っておくことです

　（1年を通して何月に何をするか、毎日・毎月など定期的にやることは何か）

・記録も忘れずに（実施したことが後で確認できるように）！！

・実施漏れが生じないよう、1年の計画を一覧表にまとめておくといいですね

（記録の作成漏れを防ぐのにも役立ちます）

設備 （事業所内設備の安全性の確認、 点検、補修）	・水回り、熱源、防火、防犯、その他事務機器・用具、等 ・壁の装飾品の状態や机などの備品のレイアウト、等 ・子どもの情緒面への配慮（興奮すると物を投げる、など） ・バリアフリー（バリアフリーとして機能しているか、など）
災害	「第9章. 非常災害対策と業務継続計画」を参照
感染症	この章の前ページまでを参照
送迎	次ページを参照（安全確認方法の見直し要否を定期確認、等）
その他	（事業所の立地、設備、子どもの障害特性などに応じて追加）

⇒子どもの視覚・聴覚・理解力等への配慮を忘れないで。

⇒災害や感染症は、研修や訓練の実施が必要です。設備、送迎、その他の項目についても、
　安全計画の中に研修や訓練が必要ないか考えてみてください。

計画の周知・見直し

・従業者に安全計画の内容を周知することが必須です。
　研修・訓練の実施漏れが生じないよう注意してください。

・安全計画で取り組む内容は、保護者にも周知する必要があります。

・定期的に安全計画の見直しを行い、変更が必要な場合は必ず対応してください。

● 自動車で送迎する際の安全確保

絶対に子どもを自動車内に置き去りにしない
送迎時の乗り降りの際に子どもの所在確認を必ず実施することが必須です。
車のシートが３列あれば置き去り防止装置（ブザー等）が義務になります。

所在確認の義務（令和５〔2023〕年４月１日から義務です←努力義務の期間はありません）
送迎時に子どもを自動車に乗せる時と降ろす時、点呼をするなどの方法で子どもの所在を確認することが必須です。必ずルール化してください（マニュアルに定めるなど）。事業所と自宅や学校・保育所等との送迎だけでなく、公園など事業所の外で活動するための移動のすべてが対象です。点呼などのルールをマニュアルで明確化しましょう！

「バスだから」ではなく　３列以上のシートの車が対象!!

置き去り防止装置設置の義務（令和６〔2024〕年４月１日から義務）
自動車にブザーその他の車内の子どもの見落としを防止する装置を備えることが義務化されます。**座席が３列またはそれ以上ある自動車は全て対象です**（バスだけではありません！）。座席が２列以下の自動車は対象外です。このほか、車椅子でバックドアから乗降する福祉車両の場合は、防止装置が不要になることがあります（座席の列数には車椅子に乗ったまま乗車するスペースを含みます）。
装置は国土交通省のガイドライン (*) に適合したものに限ります！
なお、車検時の代車については、例外扱いとしてブザーは不要です。

参考　適合している置き去り防止装置のリストは国交省から通知が出ています。
　　　　内閣府こども家庭庁「送迎用バスの置き去り防止を支援する安全装置のリストについて」
　　　　https://www.cfa.go.jp/policies/child-safety/list/

＊国土交通省「送迎用バスの置き去り防止支援する安全装置のガイドライン」

資　料　～　関係条文

本書で説明した内容について、関係する主な運営基準の条番号を記載しておきます。

　※ 「平成二十四年厚生労働省令第十五号　児童福祉法に基づく指定通所支援の事業等の人員、設備及び運営に関する基準〔施行日：令和五年四月一日（令和五年厚生労働省令第四十八号による改正）〕」の条番号を示しています。

この基準の全文を閲覧するには次のホームページへ。（令和5〔2023〕午7月時点）
　https://elaws.e-gov.go.jp/document?lawid=424M60000100015_20230401_
　505M60000100048

章	関係する主な条文
第1章 個別支援計画の作成	第26条（指定児童発達支援の取扱方針） 第27条（児童発達支援計画の作成等） 第28条（児童発達支援管理責任者の責務） 第29条（相談及び援助）
第2章 サービスの提供における基本	第19条（心身の状況等の把握） 第21条（サービスの提供の記録） 第26条（指定児童発達支援の取扱方針） 第29条（相談及び援助） 第32条（社会生活上の便宜の供与等） 第34条（緊急時の対応）
第3章 人権尊重～虐待・身体拘束の禁止～	第37条（運営規程） 第44条（身体拘束等の禁止） 第45条（虐待等の禁止） 第54条（記録の整備）
第4章 利用者の定員と事業所の勤務体制について	第37条（運営規程） 第38条（勤務体制の確保等） 第39条（定員の遵守） 第43条（掲示） 第5条（従業者の員数）…人員基準
第5章 利用契約を締結するにあたって	第12条（内容及び手続の説明及び同意） 第13条（契約支給量の報告等） 第14条（提供拒否の禁止） 第16条（サービス提供困難時の対応） 第17条（受給資格の確認） 第18条（障害児通所給付費の支給の申請に係る援助） 第37条（運営規程） 第43条（掲示）

章	関係する主な条文
第6章 支援業務を適切に遂行するために	第43条（掲示） 第49条（利益供与等の禁止） 第52条（事故発生時の対応） 第53条（会計の区分） 第54条（記録の整備）
第7章 利用者とのお金のやりとり	第22条（指定児童発達支援事業者が通所給付決定保護者に 　　　　求めることのできる金銭の支払の範囲等） 第23条（通所利用者負担額の受領） 第24条（通所利用者負担額に係る管理） 第25条（障害児通所給付費の額に係る通知等）
第8章 支援業務を適切に遂行するために2 第9章	第38条（勤務体制の確保等） 第47条（秘密保持等） 第38条の2（業務継続計画の策定等） 第40条（非常災害対策）
非常災害対策と業務継続計画 第10章 衛生管理・感染症対策および安全の確保	第38条の2（業務継続計画の策定等） 第40条の2（安全計画の策定等） 第40条の3（自動車を運行する場合の所在の確認） 第41条（衛生管理）

この表にある通り、本書では運営基準の全ての条文を個々に説明するということはしていません。取り上げていない条文ももちろん遵守しなければならないので注意してください。

基準の趣旨および内容については、厚生労働省の次の通知が重要です（「解釈通知」といいます）。

「児童福祉法に基づく指定通所支援の事業等の人員、設備及び運営に関する基準について」
（平成24年3月30日障発0330第12号 厚生労働省社会・援護局障害保健福祉部長通知）

この通知の全文を閲覧するには次のホームページへ
（令和5〔2023〕年7月時点）
https://www.mhlw.go.jp/stf/seisakunitsuite/bunya/0000202214_00007.html
このページのなかにある次のPDFファイル（URL）に全文が掲載されています
「児童福祉法に基づく指定通所支援の事業等の人員、
　設備及び運営に関する基準について」
https://www.mhlw.go.jp/content/000789572.pdf

なお、令和5年4月1日付で内閣府にこども家庭庁が設置されたことに伴い、児童福祉法の所管が内閣府に設置されたこども家庭庁に移管されています。

参考文献（書籍）

法令の条文などを参照するには、前ページで紹介したように、「e-GOV 法令検索」や所管庁のホームページを利用することができます。ダウンロードして検索が容易なデータベースとして活用することも可能です。

一方、運営基準とその解釈通知のファイル形式などが異なっていて、ＰＣ上で両者を対比してみるには不便です。関係する他の通知がある場合、その通知は改めて検索しなければなりません。

本書のテーマである、放課後等デイサービス・児童発達支援を含め、障害福祉サービス全般の各基準とその解釈通知について、両者を対比させ、かつ関係する他の主要な通知も整理して掲載してある書籍が出版されているので、紹介しておきます。

『障害者総合支援法　事業者ハンドブック　指定基準編』【中央法規出版株式会社】
『障害者総合支援法　事業者ハンドブック　報酬編』【中央法規出版株式会社】
　（いずれも令和 5〔2023〕年 7 月時点では 2023 年版が最新です）

参考文献（ホームページ）

【内閣府（こども家庭庁）ホームページ】

◎「児童虐待防止対策」
　https://www.cfa.go.jp/policies/jidougyakutai/

◎「送迎用バスの置き去り防止を支援する安全装置のリストについて」
　https://www.cfa.go.jp/policies/child-safety/list/

【厚生労働省ホームページ】

◎「社会保障審議会障害者部会中間整理」（令和 3〔2021〕年 12 月 16 日）
　https://www.mhlw.go.jp/content/12601000/000867738.pdf

◎「放課後等デイサービスガイドライン」
　（平成 27〔2015〕年 4 月 1 日　障発 0401 第 2 号）
　https://www.mhlw.go.jp/file/05-Shingikai-12201000-
　Shakaiengokyokushougaihokenfukushibu-Kikakuka/0000082829.pdf

◎「児童発達支援ガイドライン」（平成 29〔2017〕年 7 月 24 日　障発 0724 第 1 号）
　https://www.mhlw.go.jp/file/06-Seisakujouhou-12200000-
　Shakaiengokyokushougaihokenfukushibu/0000171670.pdf

◎「令和3年度 障害者虐待対応状況調査
　〈障害者福祉施設従事者等による虐待〉」参考資料4
　https://www.mhlw.go.jp/content/12203000/001077173.pdf

◎「障害者福祉施設等における障害者虐待の防止と対応の手引き」
　令和5年7月厚生労働省 社会・援護局 障害保健福祉部
　障害福祉課地域生活・発達障害者支援室
　https://www.mhlw.go.jp/content/001121499.pdf

◎「障害児通所支援又は障害児入所支援における日常生活に要する費用の
　取扱いについて」（平成24年3月30日　障発0330第31号）
　https://www.mhlw.go.jp/seisakunitsuite/bunya/hukushi_kaigo/
　shougaishahukushi/kaisei/dl/tuuchi_16.pdf

◎「職場におけるハラスメントの防止のために（セクシュアルハラスメント /
　妊娠・出産・育児休業等に関するハラスメント / パワーハラスメント）」
　https://www.mhlw.go.jp/stf/seisakunitsuite/bunya/
　koyou_roudou/koyoukintou/seisaku06/index.html

◎「事業主が職場における性的な言動に起因する問題に関して雇用管理上
　講ずべき措置等についての指針」（平成18年厚生労働省告示第615号）
　【令和2年6月1日適用】
　https://www.mhlw.go.jp/content/11900000/000605548.pdf

◎「事業主が職場における優越的な関係を背景とした言動に起因する問題に
　関して雇用管理上講ずべき措置等についての指針」
　（令和2年厚生労働省告示第5号）【令和2年6月1日適用】
　https://www.mhlw.go.jp/content/11900000/000605661.pdf

◎「職場における・パワーハラスメント対策・セクシュアルハラスメント対策・
　妊娠・出産・育児休業等に関するハラスメント対策は事業主の義務です！」
　厚生労働省 都道府県労働局雇用環境・均等部（室）
　https://www.mhlw.go.jp/content/11900000/001019259.pdf

◎「障害福祉サービス事業所等における自然災害発生時の業務継続ガイドライン等」
　https://www.mhlw.go.jp/stf/newpage_17517.html

◎「障害福祉サービス事業所等における自然災害発生時の業務継続ガイドライン」
　（厚生労働省社会・援護局障害保健福祉部　令和3年3月）
　https://www.mhlw.go.jp/content/12200000/000756659.pdf

◎「食中毒」
https://www.mhlw.go.jp/stf/seisakunitsuite/bunya/
kenkou_iryou/shokuhin/syokuchu/index.html

◎「感染対策マニュアル・業務継続ガイドライン等」
https://www.mhlw.go.jp/stf/newpage_15758.html

◎「通所系　障害福祉サービス施設・事業所職員のための感染対策マニュアル」
（厚生労働省障害保健福祉部　令和 2 年 12 月）
https://www.mhlw.go.jp/content/12200000/1225_tuusyo-2_s.pdf

【兵庫県ホームページ】
◎「障害児通所支援事業の指定申請（指定更新申請）手続き」
https://web.pref.hyogo.lg.jp/kf10/syougaijishitei.html

【神戸市ホームページ】
◎「自己評価の報告（障害児通所）」
https://www.city.kobe.lg.jp/a20315/business/annaitsuchi/
shogaifukushi/jikohyoukakouhyou.html

◎「指定申請・加算等手続き、報告・届出（障害福祉サービス）」
https://www.city.kobe.lg.jp/z/fukushi/shitei_kasan_houkoku.html

◎「事故発生時の報告（障害福祉）」
https://www.city.kobe.lg.jp/a20315/business/annaitsuchi/
shogaifukushi/jiko_houkoku.html

◎「神戸モデル - 早期探知地域連携システム -」
https://www.city.kobe.lg.jp/a73576/kenko/health/infection/
protection/kobe_model.html

◎「事業所運営に関する質問・回答（障害福祉）」
https://www.city.kobe.lg.jp/z/fukushi/shitumon_form.html

◎「障害福祉サービスの利用者負担」
https://www.city.kobe.lg.jp/a95295/kenko/handicap/
sougoushienhou/riyousyahutan.html

◎「神戸市ハザードマップ」
https://www.city.kobe.lg.jp/a19183/bosai/prevention/map/
tokubetugou_new/index.html

※ URL は令和 5〔2023〕年 7 月時点のものです。

あとがき

　事業所を訪問していつも感じるのは、児童発達支援管理責任者（児発管）の方の負担がとても大きく、子どもたちのためにすごく忙しくしておられることです。これは、児発管が管理者を兼務されている場合が多く、支援の指導役と事業所の責任者の二役をこなさなければならないことが背景の一つかと思います。

　児発管として、また管理者として運営にあたって遵守すべき基準は、その内容が多岐にわたるため理解するのに時間を要します。基準の概要をわかりやすく説明する資料があれば、管理者や児発管のみなさまのお役に立つのではないか、という思いから本書を出版することになりました。

　さらには、近年、放課後等デイサービスの事業所が急速に増えるとともに、支援を受ける子どもも着実に増加しています。利用する全ての子どもが一段と質の高いサービスを受けられるようになること、これがもっとも大事なことです。そのためには、広く従業者の方や保護者の方にも支援サービスの基本的な事柄を「なるほど」と理解して頂くのが一番の近道になる、そのように考えています。本書が子どもの支援に携わるみなさまの一助となれば幸いです。

令和5年9月　宇上 和伸

著者紹介

宇上和伸（うがみ かずのぶ）

神戸市福祉局監査指導部　特別指導監査専門官
銀行・証券会社等で広く調査、監査業務に従事した後、
2021年5月から現職。
放課後等デイサービスなど障害児通所支援事業者等への実地指導や監査への同行等を通じて、指導・調査手法の改善や制度の周知方法の見直しなどの提言を行っている。

ホウデイノトリセツ
放課後等デイサービスの運営を担うには…

2023年9月20日　第1刷発行

著　者　宇上 和伸
イラスト　三名 あたし
発行者　金元 昌弘
発行所　神戸新聞総合出版センター

　　　　〒650-0044　神戸市中央区東川崎町1-5-7
　　　　TEL 078-362-7143　FAX 078-361-7552
　　　　https://kobe-yomitai.jp/

印刷所　株式会社 神戸新聞総合印刷